Eike Christian Hirsch:
Mehr Deutsch für Besserwisser

Deutscher
Taschenbuch
Verlag

Von Eike Christian Hirsch
sind im Deutschen Taschenbuch Verlag erschienen:
Den Leuten aufs Maul (10823)
Deutsch für Besserwisser (10952)
Expedition in die Glaubenswelt (11047)

! nur du gudrun !

Im Text ungekürzte Ausgabe
1. Auflage Dezember 1988
Deutscher Taschenbuch Verlag GmbH & Co. KG,
München

ISBN 3-455-08891-0
Umschlaggestaltung: Celestino Piatti
Umschlagabbildung: papan
Gesamtherstellung: C. H. Beck'sche Buchdruckerei,
Nördlingen
Printed in Germany · ISBN 3-423-10992-0
3 4 5 6 7 · 94 93 92 91 90

Inhalt

Das Buch

Ganze Berufsstände werden hier bis zur Kenntlichkeit zitiert: der Ministerialrat (»Absolut wasserdicht«), der Herr Pfarrer (»Ich halte wahrlich dafür«) oder der Manager (»Knallhart auf Crash«). Ebenso hat Eike Christian Hirsch in Glossen gefaßt, wie unsere Politiker reden, wenn sie immer wieder die eigene Partei »verkaufen« oder für die »Kernkraft« werben. Vergnügliche Haarspaltereien finden sich ebenfalls reichlich: Wörtlich bedeutet »Claudia wird heißgeliebt«, daß sie sich dabei erhitzt, während sie kühl bleiben kann, wenn sie »heiß geliebt« wird. Der Autor zeigt, wie man das Schimpfen lernt (»Sie Tintenpisser!«) und wie man sich zurechtfindet, wo es im Deutschen verzwickt wird (»Spargeln mit Kartoffel«). Geboten werden etwa auch die schönsten Sätze, die man rückwärts lesen kann, wie das Telegramm »DIE LIEBE TOTE. BEILEID«. »Das sind Sprachglossen von so witziger und trefflicher Art, daß man sie um ihrer selbst willen mit größtem Vergnügen liest. Denn sie sind spritzig, elegant und geschliffen formuliert, daß es böser und besser keiner könnte.« (›Luzerner Tageblatt‹)

Der Autor

Eike Christian Hirsch ist Redakteur beim Rundfunk, nebenbei Verfasser satirischer Betrachtungen, die zuerst im ›Stern‹ veröffentlicht wurden. Für seine Deutung des Komischen (›Der Witzableiter‹, 1985) bekam er 1986 den Kasseler Literaturpreis für grotesken Humor. Von ihm erschienen u. a. die Glossen ›Deutsch für Besserwisser‹ (1976), ›Den Leuten aufs Maul‹ (1982) und ›Kopfsalat‹ (1988) sowie die religiösen Reportagen ›Expedition in die Glaubenswelt‹ (1981) und ›Vorsicht auf der Himmelsleiter‹ (1987).

I
Unsere Betriebsblinden

Absolut wasserdicht

Der junge Ministerialrat empfing mich in seinem funktional eingerichteten Bonner Dienstzimmer. Auf meine Frage nach dem Fortgang seines Referentenentwurfs meinte er, damit werde sein Haus bald groß rauskommen. Das sei schon in der Pipeline, es fehle nur noch die Feinabstimmung mit den Ländern, aber das stünden sie durch, würde er sagen, doch. Schließlich sei man zum Erfolg verurteilt. Nein, der Entwurf der Opposition, der sei tot, sei längst gestorben. Den hätten sie schon im Ausschuß runtergebügelt. Dem gebe er keine Chance. Der sei vom Tisch.

Knapp sagte er das alles und mit Nachdruck: Nun, einige Kurskorrekturen seien immer noch drin, aber in jedem Fall werde es dabei bleiben, daß man künftig den Faktor Eigenleistung stärker werten müsse. Der Bundesrat? Ja gewiß, das Gesetz müsse noch zustimmungsfrei und absolut wasserdicht gemacht werden. Man wolle sich eben nicht das Recht abhandeln lassen, auch hier die Bundeskompetenz, die man sich mühsam an Land gezogen habe, voll auszuschöpfen. Natürlich müsse das eine oder andere Detail noch gestreamlined werden, auch einzelne Fakten müsse man noch hartmachen. Und, und, und ... Aber im ganzen habe man die Schwachstellen gecheckt und auch die Ausgabenseite bis in die achtziger Jahre hochgerechnet; die Folgekosten habe man im Griff. Er sei absolut sicher, daß die Maßnahmen bald nach Inkrafttreten greifen würden und gerade vor Ort eine spürbare Verbesserung bringen könnten.

Bei der Ressortfrage, ließ er durchblicken, könne es noch etwas Trouble geben. Sein Haus wolle hier ganz hoch einsteigen. Wo das jedoch schließlich weisungsmäßig angebunden werde, sei noch in der Mache. Irgendwie sei das zu handeln. Es müsse nur noch im einzelnen am konkreten Fall festgemacht werden. Das sei aber angeleiert.

Ob das denn technisch machbar sei, wollte ich wissen. Kein Problem, meinte er, das verkrafteten sie. Schwieriger sei es, die Notwendigkeit einer bundesweiten Neuregelung auch politisch zu verkaufen. Das sei noch nicht überall angekommen, was man aber nicht seinem Hause allein anlasten könne, obwohl es unterschwellig eine Tendenz dahin gebe. Da müsse man halt durch.

Ob auch das BMFT mitziehe, fragte ich zögernd. Das sei genau der Punkt (der Ministerialrat nickte nachdenklich). Erst kürzlich hätten seine Freunde aus dem BMFT mal wieder zugeschlagen. Tatsache sei aber auch, daß die Sache auf der AL-Ebene gelaufen sei. Den Minister habe er für nächsten Mittwoch gebrieft. Der ziehe das knallhart durch. Er sei einfach im Wort.

Ich wollte noch weiteres wissen, aber mein Informant wollte das jetzt nicht vertiefen. »Lassen wir das mal außen vor«, sagte er mit einem Blick auf seine Uhr und den Tischkalender. Er bleibe aber auch weiterhin mein Ansprechpartner, murmelte er verbindlich und doch mit eindeutiger Wendung zu den Schlußfloskeln. Für mich sei er immer zu sprechen, wir sollten in Sichtverbindung bleiben.

Man müsse einfach mal zusammen essen gehen, das hätten wir doch schon lange auf dem Programm, sagte er kollegial. Sein Angebot stehe jedenfalls. »Nur eine Terminfrage«, dröhnte er und streckte mir die Hand entgegen, »aber wir telefonieren uns zusammen.«

... wird sich enttäuscht sehen

Der Bonner Korrespondent Hans C. Müller-Schwanenburg eilte aus der Pressekonferenz ins Hörfunkstudio. In 25 Minuten mußte sein Kommentar fertig sein. Deswegen tat er einen tiefen Griff in die Mottenkiste mit der Aufschrift »Deutsch für Korrespondenten«. Und pünktlich konnte er lesen: »Die Entscheidung kam nicht überraschend. Zwar haben die neuesten Maßnahmen der Regierung, wie nicht anders zu erwarten war, in Bonn ein unterschiedliches Echo ausgelöst. Soviel jedoch scheint sicher: Wer immer eine klare Entscheidung in dieser so wichtigen Frage erwartet hatte, wird sich enttäuscht sehen.« (Ein guter Anfang, genau die Floskeln, die dem Radiohörer vertraut sind.)

»Die Erhöhung stellt bei weitem nicht das dar, was von der Wirtschaft allgemein seit langem gefordert worden war. Allerdings, und das bleibt festzuhalten, geht man in gewöhnlich gut unterrichteten Kreisen der Bundeshauptstadt davon aus, daß es nicht bei diesem einen Schritt bleiben wird. Ob und gegebenenfalls in welche Richtung die weiteren Schritte allerdings erfolgen würden, bleibt vorläufig offen. Auf diese Frage angesprochen, gibt man sich jedenfalls in Regierungskreisen gelassen, und es scheint durchaus möglich, daß man sich zunächst einmal dazu entschließen wird, die weitere Entwicklung in Ruhe abzuwarten.« (So klingt es doch immer im Radio, kommt Ihnen das nicht auch bekannt vor? Man möchte das gar nicht mehr missen.)

»Das sollte aber niemanden darüber hinwegtäuschen, daß es nur noch eine Frage der Zeit sein dürfte, bis man zu dem bewährten Grundsatz ›so viel Stabilität wie möglich, so wenig Rezession wie nötig‹ zurückkehren wird. Eine Binsenweisheit, die sich eigentlich am Rande verstehen sollte. Nichts wäre daher verfehlter, als jetzt in vorschnelle Selbstzufriedenheit zu verfallen, könnte es doch durchaus sein, daß allzuviel Optimismus sich sehr bald als ungerechtfertigt herausstellen müßte.« (Die halbe Zeit für den Kommentar ist schon rum, bald ist der Autor gerettet.)

»Sowenig sich die entscheidenden Fragen bislang hinreichend beantworten lassen – mit der Meldung von heute nachmittag ist jedenfalls auf einen Schlag zunächst einmal allen weiteren Spekulationen, die sich bisher hartnäkkig in der Bundeshauptstadt hielten, ein Ende bereitet worden. Wobei allerdings festzustellen ist, daß es zum gegenwärtigen Zeitpunkt noch nicht abzusehen sein dürfte, ob sich hier nicht auch eine negative Auswirkung auf den privaten Verbrauch abzeichnet, die nachdenklich stimmen müßte.« (Das ist wahr.)

»Offen bleibt darüber hinaus vor allem dies: Wie es in unmittelbarer Zukunft mittelfristig weitergehen wird. Dabei könnten sich dann noch einige der Hoffnungen, die in letzter Zeit von vielen Seiten mit schöner Regelmäßigkeit gehegt worden sind, als recht fragwürdiges Klischee erweisen. Warten wir also ab.« (Der Hörer braucht nicht mehr lang zu warten, obwohl die Mottenkiste mit den Redensarten noch halb voll ist.)

»Aber *eine* Prognose wird man trotzdem schon jetzt wagen dürfen: Diese Fragen werden sicherlich auch in nächster Zeit die Öffentlichkeit noch nachhaltig zu beschäftigen haben.« Hans C. Müller-Schwanenburg lehnte sich im Studio in seinen Sessel zurück und schämte sich selbst ein bißchen. »Warum«, so fragt er sich, »haben wir uns bloß diesen Stil angewöhnt?«

Stimmt bedenklich

»Die Rede Reagans hat verblüfft«, berichtet uns der Korrespondent. Wen mag sie verblüfft haben, nur ihn, den Korrespondenten? Oder alle Amerikaner? Wir werden es nie erfahren, solange wir uns diese Sätze, denen das Objekt fehlt, gefallen lassen. Nun werden Sie vielleicht sagen: »Dieser Stil überzeugt aber.« Doch ich finde eher, daß er verwundert. Je mehr er nachdenken läßt, desto stärker wird er irritieren.

Das merkt auch der Korrespondent, und er versucht, die Lücke zu verdecken mit einem »... hat *hier* verblüfft«. Aber ob das befriedigen kann? Nein, wir merken den Schwindel, ein echtes Objekt ist das »hier« nicht. Auch der Satz »... hat *allgemein* verblüfft« hilft dem Mann in Washington nicht aus der Klemme, obwohl er aufhorchen läßt.

Die deutschen Journalisten werden dennoch bei diesem Stil bleiben. Und man muß zugeben, daß wenigstens ihre Beharrlichkeit beeindruckt. Auch müßte diese kleine Stilfrage nicht länger beschäftigen, wenn sie nicht sogar in unsere Alltagssprache überginge. Und das beunruhigt nun doch. In lebhaften Debatten ruft der eine »das interessiert nicht«, während sein Gegenüber einwirft »aber die Idee fasziniert und fesselt dennoch« und ein dritter ermahnt »ich muß aber sehr bitten«. So ist das heute. Und Sie meinen, das gefalle? Ich weiß nicht, ich frage schon lange, wie es dazu hat kommen können.

Alle Leute, die sich an ein großes Publikum wenden, haben mit der Frage zu kämpfen, ob sie es persönlich sagen sollen oder lieber allgemein. Soll ein Kritiker schreiben »die Aufführung ärgert mich?« Er will doch zugleich den Eindruck erwecken, als habe nicht nur er selbst sich geärgert. So schreibt er, scheinbar bescheiden: »die Aufführung ärgert«. Wenige seiner Leser, so hofft er, werden merken, daß dieser Satz seinerseits ärgert, ja erschrecken kann. Offen gesagt, er berührt sogar sehr seltsam und befremdet stark. Denn wir merken, daß der Kritiker überreden will. Er will glauben machen, sein Ärger werde von allen geteilt. Aber er kann nicht täuschen (uns doch nicht!), weshalb er auch nicht beeindrucken kann.

Es begegnet jetzt immer häufiger, daß auch die Mittelworte in Mitleidenschaft gezogen werden. Nach dankbar empfundenen Informationen und oft miterlebten Beispielen kann ich sagen, daß hier eine nicht erwartete Veränderung unseres Wortgebrauchs vorliegt, die wir zu den berührenden und interessierenden Fragen rechnen sollten.

Da will auch die Kunst nicht zurückstehen: »Der Intendant eröffnet mit ›Fidelio‹.« Wer wird noch fragen: wen oder was? Nach einigen Monaten »schließt« er dann mit der ›Dreigroschenoper‹. Oder er »beendet«, wer weiß. Jedenfalls nimmt sich die Rundfunkansagerin daran ein Beispiel und sagt: »In den nächsten 45 Minuten unterhalten wir nun mit Volksmusik.« Was alles geboten wird! Kein Wunder, daß der Kundendienstberater fragt: »Wollen Sie finanzieren?«, und versichert: »Wir beraten ganz unverbindlich.«

Wenn ich das höre, muß ich sagen: »Das stimmt doch bedenklich.« Und Sie werden fragen: »Wen stimmt das bedenklich?« Nun, das stimmt mich bedenklich. Ich möchte das jedoch nicht nur auf mich beziehen und schließe Sie daher alle ein, denn ich hoffe, daß jeder von Ihnen denkt: »Diese Sprachglossen orientieren doch wirklich über alles.« Ja, wirklich. Aber wen?

Makaber und skurril

Auch Sie können deutsche Feuilletons lesen, sogar ohne Hilfe eines Lexikons. Sie brauchen nur die vier wichtigsten lobenden Eigenschaftswörter zu kennen. Das sind:

1. *Spektakulär.* In seiner Bedeutung steht es etwa in der Mitte zwischen eklatant und sensationell. Während eklatant mehr das Skandalöse betont und sensationell dem Sinn von phänomenal nahekommt, meint spektakulär eher das Provokative; alles was phantastisch oder imposant ist, aber doch zugleich auch exemplarisch und irgendwie symptomatisch. (Oder umgekehrt.) Wir dürfen sogar an paradigmatisch denken und an protagonistisch, lassen aber besser fort, was orgiastisch-ekstatisch oder schlicht monumental oder gigantisch wäre. Kurz gesagt, spektakulär ist alles, was prätentiös und preziös zugleich ist. Ja?

2. *Relevant* nennt man hingegen, was nicht verdient hat, spektakulär genannt zu werden, für eine deutsche

Bezeichnung aber doch zu schade wäre. Ein relevantes Ereignis muß in sich evident und zugleich eminent sein. Evident heißt dabei so viel wie transparent; und eminent könnte man verdeutschen mit signifikant. So erklärt sich alles von selbst. Das ist ja das Gute an Fremdwörtern, daß man nicht genau wissen muß, was sie bedeuten, wenn man nur ahnt, wie man sie meist verwendet. Für einen guten Feuilletonisten schwingt bei »relevant« auch immer noch die Bedeutung mit: adäquat (im Sinne von authentisch) und prägnant (als Einheit von stringent und effizient). Unter Effizienz wiederum versteht man ... Aber das führt uns vom Thema ab. Kommen wir zum nächsten Liebling.

3. *Makaber.* Meist denkt der Laie an aberwitzige Kalauer oder an abartige Grabschändung. Das ist insofern auch richtig, als der Feuilletonist sich bei der Deutung und Verwendung des Wortes ebenfalls vom Klang leiten läßt. Er denkt an den mokanten Mann mit der Macke und siedelt makaber zwischen morbide und martialisch an. Sarkastisch liegt nahe, auch okkult. Aber makaber (wer ahnt schon, was es heißen mag) betont doch auch das mystische, oder soll ich sagen: das mythisch-mysteriöse Element unserer Kultur. Oder so ähnlich. Denken Sie nur an die bekannten Makkabäer. Man sieht: Diese Fremdwörter erklären sich alle gegenseitig, was ihre Beliebtheit verständlich macht.

4. *Skurril.* Dies jüngste unter den heißgeliebten Wörtern unserer Autoren läßt sich nicht ganz so einfach fassen. Lautlich liegt es zwischen obskur und kurios. Aber haben wir damit auch seinen Sinn richtig erraten? Ja, haben wir (wie die Autoren). Auch der Anklang an »schnurrig« führt uns nicht in die Irre, denn den hören ja alle wie wir. Vielleicht ist es dann auch mit subtil verwandt (und dann wohl auch mit sublim?). Wir sollten auch andere Wörter nicht vergessen: Sensitiv etwa oder skrupulös, das doch »skurril« irgendwie nahesteht. Das neue Lieblingswort umfaßt sicherlich auch die Bedeutung von absurd und diffus – und daher auch von abstrus und diffizil. Wer weiß ...

Und wer will es schon wissen? Weil man auf den ganzen Zierat ja auch verzichten kann, habe ich Ihnen, liebe Leser, nicht einmal andeutungsweise erklärt, was makaber und skurril wirklich heißen könnten. Wer wird denn solche Wörter noch fördern wollen?

Verfügen und vermögen

Man weiß von vornehmen, hochgestellten Leuten, daß sie nicht reisen, sondern sich dahin »begeben«, wo sie erwartet werden. Dort kommen sie auch nicht an, sondern treffen ein, und dann gelangen sie auch bald an die Stätte ihres Wirkens. Später wird man dann sagen, der hohe Gast habe hier geweilt, und man wird sich auch der Mahlzeiten erinnern, der Stunden, wo man im kleinen Kreis etwas zu sich nahm, miteinander speiste oder ganz einfach an einem Essen teilnahm.

Wer es zu etwas gebracht hat, der arbeitet nicht, sondern er ist tätig, am besten im eigenen Unternehmen, wenigstens aber leitend und immer maßgeblich beteiligt, wenn nicht am Geschehen, so doch am Kapital. Ist so einem Menschen mal schlecht, so läßt er mitteilen, er sei von einem Unwohlsein befallen und habe sich etwas zurückgezogen, um ein wenig zu ruhen. Man könnte nun meinen, er »brauche« Ruhe. Aber er braucht wirklich nichts, er bedarf der Ruhe oder benötigt sie.

Man »ist« auch nichts, man stellt aber etwas dar. Der Hausherr stellt eine überragende Persönlichkeit dar, auch seine Firma stellt etwas dar. Seine Mitarbeiter stellen etwas her. Ebenso »hat« man nichts, man besitzt dafür um so mehr. Die Gattin besitzt feine Gesichtszüge und mehrere Zweitfrisuren. Und der Gemahl hat auch nichts, sondern verfügt, zum Beispiel über Kenntnisse, Geschmack und Vermögen. Das Tätigkeitswort »vermögen« bedeutet hingegen »können«. Von jüngeren Mitgliedern der Familie kann man also sagen, daß sie noch nichts können, aber schon viel vermögen. Oder: Sie vermögen noch nichts zu verfügen, aber verfügen schon über Vermögen.

Auch das Wort »sein« und seine Ableitungen werden hier reichlich ins Vornehme übersetzt. »Ich befinde mich gerade in Graubünden, die Berge bilden meine Freude, sie bedeuten meine Heimat.« Wenn dennoch einmal das nackte Muß in solch ein Leben tritt, so läßt es sich ebenfalls elegant umschreiben: »Ich werde nicht umhin können, bald abzureisen, und sehe mich gezwungen, etwas länger abwesend zu bleiben.«

Wem sich einmal Gelegenheit bietet, in diesen Kreisen zu verkehren, dem sollten einige bewährte Wendungen zur Verfügung stehen. Widerspruch deutet man im Gespräch an mit den Worten: »Ich befand mich bisher immer in dem Glauben...« Muß man jedoch seine Unkenntnis eingestehen, so gibt es zwei Floskeln zur Auswahl: »Das entzieht sich leider meiner Kenntnis« und »Das vermag ich zu meinem Bedauern nicht zu beurteilen.« Will man eine kühne Behauptung aufstellen, so beginnt man: »Ich neige doch eher zu der Ansicht...« Ein offenes Geständnis hingegen eröffnet man am besten mit: »Ich kann mich des Eindrucks nicht erwehren...« So klingt es edel.

So etwas wird hoch bewertet, und man wird Ihnen nachsagen, Sie wüßten um die richtigen Formen. Bitte »sagen« Sie aber nie etwas, Sie sollten sich nur »äußern« und dabei gleich ein Thema ansprechen und einen Gedanken besonders herausstellen, damit alle gleich wissen, worauf Sie abheben.

Man darf sagen, daß Konventionen das Leben erleichtern. Sie werden bald herausfinden: So macht Reden nur noch viel mehr Spaß. Wenn Sie das erkannt haben, sollten Sie es aber auch richtig ausdrücken: Auf diese Art und Weise verursacht das Sich-Äußern noch in weit höherem Maße mehr Annehmlichkeiten.

Der Rechtsunterzeichnete

Als gehobener Sachbearbeiter der Firma Maus & Grau habe ich eben mit Frau Flügelhorn telefoniert, die seit Jahren bei der Intertec unsere Aufträge entgegennimmt. Nun will ich ihr noch schreiben, einen Geschäftsbrief, versteht sich. Deswegen ist die Anrede klar: »Sehr geehrte Herren« werde ich sie anreden. So ist es üblich. Das kann nur denjenigen verwundern, der bis jetzt geglaubt hat, Geschäftsbriefe würden auf deutsch abgefaßt. Nein, auf geschäftsdeutsch. Und darin kommen Damen nicht vor, dafür Sachen, von denen wir uns nichts träumen lassen.

Die zweite Klippe taucht gleich im ersten Satz solcher Korrespondenz auf. Hier droht nämlich die Gefahr, daß wir dem gesunden Menschenverstand folgen und gleich zur Sache kommen. Vorschrift ist es aber seit alters, zunächst einmal ordentlich Anlauf zu nehmen. Zu Recht hatte ich eben schon ausgefüllt »Bezug: Ihr Schreiben vom 23. 4. d. Js.«, und unter »Betreff« steht da »Spezialkleber DF/17«. Aber es hilft alles nichts, nun muß ich noch einmal Anlauf nehmen.

»Vom Inhalt Ihres obigen Schreibens haben wir Kenntnis genommen ...« Das haben wir ja wirklich (wer hätte das gedacht). »Wir nehmen Bezug auf Ihre geschätzte Anfrage vom 23. 4. d. Js.« kann ich auch schreiben. Als leicht veraltet gilt hingegen: »Ihr Geehrtes vom 23. d. Ms. in Händen haltend ...« Denkbar aber auch in modernen Büros wäre »Wir sind im Besitz Ihres Schreibens vom ...« Man will doch zeigen, daß die Post noch funktioniert.

»Wir danken Ihnen für Ihr Schreiben vom ...« liest man wohl am häufigsten. Man kann aber das leere Stroh auch noch ganz anders dreschen. Die noch weiter verkürzte Formel »Wir danken Ihnen für Ihr o. a. Schreiben« könnte allerdings als ein allzu offenkundiges Aufstöhnen (oh! ah!) mißverstanden werden. Aber es gibt ja noch mehr Auswahl: »Mit Bezug auf Ihr obiges Schreiben können wir Ihnen mitteilen«, oder ganz juristisch »In der eingangs bezeichneten Angelegenheit nehmen wir wie folgt Stellung ...« Wer zeigen will, wie lästig ihm das ganze Diktieren ist, kann das schließlich so ausdrücken: »In Erledigung Ihrer Zuschrift vom ...« Variationen, Variationen. Alles ganz einfach und immer nach Vorschrift. Noch besser wäre es freilich, man dürfte das Anlaufnehmen gänzlich sein lassen. Aber dann würde dem Empfänger etwas fehlen: der unverwechselbare Sound deutscher Geschäftspost.

Die dritte Schwierigkeit beim Schreiben tritt auf, sobald der Briefschreiber von sich selbst reden will. So viel ist sicher: Das Wort »ich« darf nicht fallen. Deswegen diktiert man: »Wie Ihnen der Rechtsunterzeichnete bereits fernmündlich mitteilte.« Genau das ist der vertraute Klang, der es unbedingt sein muß. Der »Unterzeichnete«, ob rechts, ob links, gilt übrigens bei vielen Ästheten als sprachlich falsch, was er aber leider nicht mal ist. Wem er zu papieren klingt, kann jedoch mit gutem Recht auf »der Unterzeichnende« oder »der Unterzeichner« ausweichen. Warum auch nicht. Der unpersönliche Stil läßt sich auf manche korrekte Weise wahren.

Ja, lieber Leser »... wir hoffen Sie mit diesen Hinweisen einverstanden und dürfen Sie in besagter Angelegenheit ebenso höflich wie dringend bitten, sich umgehend weiter an die Gepflogenheiten zu halten. In Erwartung Ihrer geschätzten Rückäußerung verbleiben wir zwischenzeitlich hochachtungsvoll und zeichnen ... ppa. ... i. V. ... usw. ... usf. ...

Unter Außerachtlassung

Als mein Auto mitten auf einer Bundesstraße seinen Geist aufgegeben hatte, mußte ich feststellen, daß ich weder etwas von Motoren noch vom Amtsdeutsch verstehe. Und das kam so: Während ich Hilfe geholt hatte, war mein Auto angefahren worden, so daß ich den Fall der

Polizei übergeben mußte. Der freundliche Beamte verfaßte darüber einen Text.

»Der Geschädigte, seitens dessen bisher noch keine Anzeige erfolgte, erklärt folgende Aussage zu Protokoll: Die Entdeckung des Unfalls ereignete sich gegen 14.00 Uhr. Der Wagen des Geschädigten wurde durch denselben einer genauen Prüfung unterzogen, welche die Feststellung eines nicht unerheblichen Schadens am hinteren Kotflügel zur Folge hatte. Schädiger, dessen Identität bislang nicht in Erfahrung gebracht werden konnte, verließ die Unfallstelle, ohne sich mit Geschädigtem ins Benehmen gesetzt zu haben. Nach den gegebenen Umständen unterliegt es kaum einem Zweifel, daß Schädiger die Folgen seines Verhaltens bemerkt haben dürfte.«

Der ältere Beamte hatte sich mit mir zusammen mein zerbeultes Auto angesehen, das ich dazu extra zur Polizeistation hatte schleppen lassen. Auch das fand sich im Protokoll. »Zur Sicherstellung von gegebenenfalls nachweisbaren Schleifspuren hat Geschädigter das betr. Fahrzeug zur Vorführung gebracht. Es wurde eine Liste erstellt, die eine vollständige Schadensaufstellung beinhaltet. Bei erfolgter Abstellung der Fahrzeugschäden dürfte der Pkw jedoch wieder zulassungsfähig sein bzw. einer erneuten Inverkehrsetzung nichts entgegenstehen.«

Ich wollte schon aufatmen, als sich bei mir die Vermutung verstärkte, daß die Lagerung meines Falles doch eine sehr verwickelte war. Der Beamte notierte auf einem anderen Blatt: »Den insofern getroffenen Feststellungen zufolge scheint die Annahme nicht ausgeschlossen, daß der Geschädigte sein Fahrzeug unter Außerachtlassung einschlägiger Vorschriften der StVO zum Abstellen gebracht hat und den Haltevorgang erst nach geraumer Zeit beendete.«

Das traf leider zu. Um mich zu entlasten, fragte mich der Beamte noch nach Einzelheiten des Tatortes. Ich gab anschaulich Auskunft. Er schrieb: »Die Straßenverhältnisse bzw. Witterungsbedingungen zur Tatzeit können als gut ausgebaut bzw. trocken bezeichnet werden.«

Zum Schluß sagte der Beamte noch: »Bitte unterzeichnen Sie das Protokoll. Sie werden von uns hören, sobald wir etwas herausgefunden haben.« Wie gut, daß er das nicht schriftlich von sich gegeben hat. Sonst hätte er es sicher so ausgedrückt: »Ich darf um Ihre Unterschriftsleistung bitten. Wir werden den Vorgang in Bearbeitung nehmen und Sie in Kenntnis setzen, sobald uns Ermittlungsergebnisse vorliegen.«

Jetzt bekam ich noch einen Brief, in dem mir mitgeteilt wurde: »Zwischenzeitlich wurde hierseits die Feststellung getroffen, daß wegen terminlicher Schwierigkeiten und erheblichem Zeitaufwand hinsichtlich der Durchführung einer eintretendenfalls notwendigen Überprüfung in Frage kommender Unfallfahrzeuge eine diesbezügliche Ermittlungsmöglichkeit nur indirekt gegeben sein dürfte.« Wie darf ich das verstehen? Mir wurde aber auch versichert, eine Verzichtleistung auf Nachforschungen sei meinerseits nicht erforderlich, und man habe meinen Antrag weiterhin in Vormerkung genommen. Na, was will ich mehr.

Ich halte wahrlich dafür

An der Weihnachtsfeier hatte unserem jungen Werbetexter nur eins nicht gefallen: die Ansprache des Pfarrers. Nachher, beim gemütlichen Plätzchen-Kauen, ging er den Geistlichen frontal an mit der Frage, ob er auch modernes Deutsch reden könne.

Der lächelte nachsichtig und sagte: »Es war mir immer verwehrt, mich vollständig der Sprache unserer Zeit preiszugeben.« Wer dem Pfarrer das denn verwehrt habe, fragte der Werbemann spitz. Ich versuchte zu dolmetschen: »Ein frommer Christ will keinen eigenen Willen haben und sagt deswegen ›es war mir immer verwehrt‹, als habe Gott es nicht zugelassen, wo er nur selbst nicht mochte.«

»Ich darf diese Verstehenshilfe freudig annehmen«, sagte der Pfarrer mit Güte in der Stimme, »und bin Bruder Hirsch wirklich dankbar für diesen Dienst, den er uns hat tun dürfen.« Nun war es wieder an mir, dem Werbemann zu erklären, auf evangelisch heiße »ich tue« meist »ich darf dies tun« oder auch »ich meinte, dies tun zu sollen« oder schlicht »ich weiß mich gehalten, das zu tun«. Man wolle damit andeuten, daß man unter Gottes Befehl stehe.

»Ich halte wahrlich dafür«, sagte der Pastor, »daß wir das Erbe der Väter nicht ohne Not preisgeben sollten, wenn anders wir den ganzen Reichtum Seines Wortes wollen erfahren dürfen.« Als der Werbetexter darauf nur knurrte, bei ihm sei mit solchen Sprüchen nichts zu holen, seufzte der Pfarrer: »Ich will mir Ihre Worte gesagt sein lassen, denn es ist uns gewiß heute ganz neu aufgegeben, den Menschen unserer Zeit zu erreichen, denn auch er hat teil am Raum der Kirche.«

Das konnte den Texter nicht umstimmen. Er donnerte los: »Sie sollten mal Ihre Werbung von einer modernen Agentur designen lassen, was meinen Sie, wie die für Sie den Markt aufreißen würde. Mann, Ihr Produkt ist doch okay. Nur die Verpackung treibt einem ja die Tränen in die Augen!«

Um den Pfarrer zu trösten, sagte ich zu ihm: »Es ist gewiß eine köstliche Sache um die Verkündigung, wenn sie denn in Vollmacht geschehen darf.« Er strahlte und stimmte mir zu: »Es war Ihnen geschenkt, mir dies eine ganz groß zu machen, die Einsicht nämlich in die Kraft unseres geistlichen Wortes, insonderheit unter denen, so da ferne stehen. Ich habe immer dafürgehalten, daß wir nur in demütigem Hören auf die Schrift je und dann tüchtig sein werden ...« Da wurde er jäh unterbrochen, weil der Werbetexter es nicht mehr aushielt. »Das ist ja unerträglich!« schrie er. Für den Pfarrer, der eine so direkte Sprache nicht gewohnt war, übersetzte ich den Ausdruck »unerträglich« ins Evangelische: »Er findet es beschwerlich, Ihnen zuzuhören, es ist ihm eine innere Not.« Das verstand der Pfarrer, streckte dem Werbefachmann beide Hände entgegen und brachte gerührt vor: »Wir sollten diese Dinge nicht Herr über unseren Glauben sein lassen und unter dem Evangelium zusammenbleiben.«

Der Werber war seinerseits gerührt. »Eure message ist klasse«, murmelte er, »aber eure Sprache ist ja wohl das letzte.« Der Pfarrer hörte nur die Anerkennung heraus und sagte dankbar: »Um dieses tröstlichen Zuspruchs willen werde ich Ihrer noch lange in täglicher Fürbitte je und dann gedenken.«

2
Genau der Trend

Kam plötzlich hoch

Früher schrieb man etwas *auf*, heute wird *fort*geschrieben, denn alles ist in Bewegung geraten, und die Sprache muß das ausdrücken. Was sich nicht bewegen soll, wird jetzt umständlich festgeschrieben und, wenn das nichts nützt, sogar eingefroren. Man müßte erst mal einen Nagel einschlagen, damit überhaupt noch etwas feststeht. Auch unsere politischen Sorgen werden vom Kanzler immer *weg*diskutiert und von Strauß wieder *herbei*geredet, man weiß nie, wo sie gerade sind.

Früher sagte man: Was liegt *vor?* Heute liegt etwas *an.* Aber es *liegt* auch nicht mehr, das wäre zu lahm, es *steht* an. Wenn es noch schlimmer kommt, sind es gar *andrängende* Probleme. Kein Wunder, wo doch immer neue Forderungen von allen Seiten *nachgeschoben* werden, die man früher nur erhoben hat. Kann man das alles durchstehen? Nein, wir müssen dabei nicht stehen bleiben. Wir müssen das gemeinsam durch*tragen*, wie es in einer kirchlichen Erklärung hieß. Bewegung muß sein. »Da ist Musik drin«, sagte man einmal, nun muß *drive* in die Sache. Mache ich etwas ganz verkehrt, dann *liege* ich falsch. Ist es nicht ganz so schlimm, dann *stehe* ich nur auf dem Schlauch. Richtig gut bin ich nur, wenn ich konform *gehe* oder gar *mitziehe.*

Das Schlimmste nämlich ist, wenn unsere Macher feststellen müssen: »Es wird nichts mehr bewegt.« Stillstand wäre das Ende. Daher werden heute selbst Einsichten *transportiert* und Ideen *befördert,* damit überhaupt irgend etwas vorankommt.

Man muß sich fragen, worauf das hinausläuft. Vielleicht läuft es auch gar nicht hinaus, sondern nur rund. »Das läuft rund« ist heute ein hohes Lob, und es ist wohl auch genau das, was man erhofft, wenn man so vieles ankurbelt. Früher hätte man sich gefragt, was noch auf uns *zukommt.* Heute kommt das Neue irgendwie *hoch.* Themen kommen plötzlich hoch, auch Fragestellungen und Probleme. Damit verdeutlicht man die Energie, mit der sich heute alles bewegt.

Wurde früher ein Projekt durch*geführt,* so wird es jetzt durch*gezogen.* Wurde damals noch etwas errichtet (ein Gebäude etwa), so wird es jetzt hoch*gezogen.* »Das habe ich mühsam durch*gesetzt*« klänge doch matt; daher sagt man lieber »das habe ich knallhart durch*gedrückt*«. »Was ergibt das?« fragte man damals, jetzt fragt man »was *bringt* das?« Selbst das alte »was kommt dabei heraus?« wäre zu zahm. Deswegen *bieten* sich heute auch keine Gelegenheiten mehr, sie bieten sich *an.* Sogar Äpfel bieten sich an, wenn Orangen zu teuer sind.

Natürlich muß auch einiges ruhen in diesem Ameisenhaufen. Aber es ruht nicht, es *steht* wenigstens. Termine stehen, Angebote stehen, Organisationen stehen. Was steht, steht so fest, daß man anderes daran festmachen kann. Das wird dann angebunden oder (etwas dynamischer) *ein*gebunden; oder aufgehängt, damit es sich bewegen kann. Aber »stehen« wird selten, selbst Parteien haben keinen Standort mehr, sie sind links- oder rechts*gerichtet.* Hauptsache, die Richtung stimmt.

Am wichtigsten ist Bewegung für die jungen Leute. Sie rasen, sie gehen auf die Reise, und auf Lob »gehen sie voll ab«. Speed, speed! Auch der smarte Moderator denkt dynamisch und sagt »herzlichen Dank nach Rom«, während es zurückschallt »auf Wiederhören nach München«.

Und wie schließt man einen Brief? Nicht mehr mit bloßen Grüßen – sondern: »Herzliche Grüße von mir zu Ihnen.« Also denn …

Der Konzern habe 40 Millionen Verluste »hochgeschoben«, las ich, aber der neue Vorstand habe nun die Verluste wieder »heruntergeschleust«. So etwas lese ich gern, weil mir diese Bildersprache kräftig und anschaulich vorkommt, mag sie auch willkürlich sein (»hochgeschoben« werden wohl sonst Erdmassen, »heruntergeschleust« meist Lastkähne). Und doch, wie angenehm für den Leser, wenn mal nicht ein abgefummelter Versuchsballon losgelassen, sondern statt dessen eine Versuchsbohrung niedergebracht wird. Meinetwegen kann man auch statt »an Ort und Stelle« ständig »vor Ort« sagen, obwohl das ein wenig überhand nimmt. Ein Politiker ist heute nur noch vor Ort, wenn er mit Bürgern (mit der Basis) diskutiert. Dabei ist »das Ort« eigentlich das Ende einer Strekke im Bergwerk. Vor Ort wird der Politiker »fündig«. Eben! Daran muß es liegen.

Neue, bildhafte Wörter scheinen uns vor allem aus den Fachsprachen zuzuwachsen; aus der Sprache der Bergleute etwa stammt der Raubbau, vom Hüttenwesen die Stichprobe. Heute bieten Technik und Wissenschaft eine unbegrenzte Fülle von Anregungen.

Besonders liebe ich den Ausdruck »Vollast«. Wenn ich lese, was ein Kraftwerk unter Vollast leisten kann, dann sehe ich, wie es ächzt und stöhnt. Für diese Leistung ist es technisch ausgelegt – auch so ein fachmännisches Wort. Manchmal muß die Leistung heruntergefahren werden. Große Maschinen werden eben gefahren und gesteuert, auch wenn sie sich sowenig fortbewegen wie große politische Projekte, von denen man ebenso redet.

Auch der Verkehr hat uns Dutzende von Bildern geliefert, vom grünen Licht und der freien Fahrt bis zur Vollbremsung. Man geht auf Kollisionskurs, muß gegensteuern, entschließt sich zum Blindflug, kommt ins Trudeln und vermutet, daß Helmut Kohl schon die Landeklappen ausgefahren hat, wobei er sich doch soeben zum Durchstarten entschlossen haben muß.

Viele Fachausdrücke haben sich ebenso schnell verbreitet, wie sie gleich wieder vergessen wurden. Ein gewisser Dahrendorf wurde Senkrechtstarter genannt, lang ist's her. Von der Schieflage einer Bank sprach man öffentlich zuerst beim Herstatt-Skandal, nun hat das nachgelassen. Der Countdown und die Kurskorrektur sind heute in der Politik häufiger als in der Raumfahrt. Sie sind wie Klimaveränderung, Tendenzwende oder Flurbereinigung längst zu Bildern geworden.

Die Mathematik hat uns das uralte Vorzeichen, die neue Hochrechnung und das kurzlebige Ausklammern beschert, mit dem ein Kiesinger lächerlich wurde. Das Aussitzen wurde für Helmut Kohl erfunden. Aus der Statistik stammt die herrliche Behauptung, die Zahlen seien frei gegriffen (das finde ich wirklich griffig). »Ins Haus stehen« ist aus der Astrologie über den ›Spiegel‹ bei uns eingewandert; die saloppe Wendung »das ist nicht drin« mag aus der Lotterie stammen. An diesen Beispielen sieht man, wie leicht wir dieser Nachwuchsstars überdrüssig werden können. Wer mag heute noch von »mittelfristig« reden oder etwas »fortschreiben«, wo doch alles fortgeschrieben wurde, auch die Moral der katholischen Kirche.

Gefallen finde ich aber noch an den Ausdrücken der Verhaltensforschung wie Hackordnung, Nestwärme oder Drohgebärde. Besonders angetan hat es mir das Imponiergehabe. Das hat doch Biß! Dieser Biß stammt übrigens von Hundezüchtern, die von einem frommen Tier, das zur Zucht nicht taugt, sagen, es habe keinen Biß. Wenigstens der Ausdruck selbst, finde ich, hat ihn jedoch.

»Das läuft doch nicht. Bei mir doch nicht. Den zerreiß ich doch in der Luft. Der soll mir mal kommen. Da fällt der glatt auf den Bauch bei, wetten? Der wollte mich schon zweimal über die Rolle ziehen. Aber glauben Sie, daß der das geschafft hätte? Mich doch nicht. Wo sind wir denn hier. Wird langsam Zeit, daß dem mal einer sagt, was Text ist. Was glaubt der denn. Der denkt wohl, er wär ein ganz fixes Bürschchen, dieser Jungdynamiker, dieser... Den werd ich mir mal zur Brust nehmen, da kann der mal sehen, welche Power dahintersteckt. Aus, vorbei, Feierabend.«

Mitzky war wirklich – man hört es ja – ziemlich erregt. Er hatte gerade herausbekommen, daß ihm sein schärfster Konkurrent vor die Nase gesetzt werden sollte. Mein Versuch, ihn zu beruhigen, war nicht sehr aussichtsreich. »Ich sehe das Ganze nicht so aufregend. Sie dürfen doch eins nicht vergessen, wenn man das ein bißchen clever macht, kann man das doch noch abblocken. Das ist doch kein Ding der Unmöglichkeit. Aber schauen Sie mal, Sie können doch hier nicht den ganzen Laden lahmlegen und mit dem in'n Clinch gehen. Damit mobilisieren Sie doch nur unsere Gegner.«

Mitzky stand noch voll unter Dampf. »Da kenn ich nichts. Da geh ich knallhart auf Crash. Jetzt will ich's wissen, aber ehrlich. Wenn der kommt! Ich bin einer, der aus der Hüfte schießt und, wenn's drauf ankommt, aus'm Stand über'n Tisch geht. Aber sicher! Der wird was erleben, dieser Knallkopp. Wenn ich mich querlege, geht hier nichts mehr, überhaupt nichts. Glauben Sie das? Können die da oben von mir haben. Ü-ber-haupt kein Problem. Dann ist aber Wind im Karton, kann ich Ihnen sagen. Dann wird hier Kleinholz gemacht. Der hat hier nichts verloren. Der wird hier auch nichts. Da können Sie sich drauf verlassen.«

Mitzky sprach wirklich mit Schaum vorm Mund. Die beiden waren alte Rivalen, und Mitzky hatte bisher in der Auseinandersetzung nicht gut ausgesehen. Jetzt solche

Drohungen auszustoßen, war aber natürlich stark. »Bitte, was soll das?« versuchte ich es noch mal, »das dürfen Sie nicht so verkniffen sehen. Das steckt doch noch alles in den Vorüberlegungen. Noch halte ich das eher für'n Gerücht. Hier weiß doch sowieso keiner von denen mehr, wo's langgeht. Die schreien doch immer auf dem falschen Bein hurra. Da bleibt man am besten ganz cool.«

»Die leise Tour habe ich eben einfach nicht drauf«, räumte Mitzky, schon etwas ruhiger, ein. »Daß man mit einer ›Aktion totaler Widerstand‹ nicht weit kommt, bitte, das habe ich auch geschnallt. Aber ich laß mir doch nicht von jedem ans Bein pinkeln. Die denken wohl ... Da kann ich nur sagen: Dem ist nicht so.«

Ich versuchte, ihn auf andere Gedanken zu bringen. »Haben Sie denn gar keine Strategie im Hinterkopf? Starten Sie doch mal Ihre Phantasie. Wie ich die Kameraden hier kenne, lassen die doch den Typ auf der Stelle los, wenn man denen das Richtige steckt. Sagen Sie selbst. Na also. Macht das Sinn? Haben Sie schon mal verinnerlicht, warum ich all dies Material gesammelt habe? Das ist nämlich genau die Linie, die wir auch in Zukunft fahren müssen. Ganz unauffällig, aber gekonnt. Und wenn dieser Junge derweil glaubt, daß wir ihn uns aufs Auge drücken ließen, dann ist der eben auf dem falschen Dampfer. Sein Pech.

Sicher sind das Tricks, vor denen's der Sau graust. Je nun. So ist das nun mal. Was soll's.

Oder wie seh ich das?«

Aggres-ion

Wenn der Chef in Fahrt ist, ruft er: »Das kommt **über**haupt nicht in Frage!« Hätte er das entscheidende Wort nicht so weit vorn betont (**über**haupt), man hätte gar nicht mitbekommen, wie sehr er in Fahrt ist. Will man gegenhalten, muß man schon ebenso betont antworten, etwa so: »Ausgerechnet Sie! Es ist keineswegs so, daß vor allem ich, wenn überhaupt ... tatsächlich hat zum Beispiel ...«

Man reiße den Akzent nach vorn und gewinne eine Entschiedenheit, von der andere nur träumen können. Explodiert unser Akzent schon am Anfang, so schüchtert er andere ein, und wir geben uns damit Schwung (drive, sagt man heute dazu). In der Tat beeindruckt solche Aussprache insbesondere unsere Chefs, aber auch allgemein, wen-auch-immer man sonst durchaus nur schwer beeindruckt.

Wir müßten von solchen privaten Strategien nicht weiter reden, wenn nicht unsere elektronischen Medien längst diese Masche aufgenommen hätten. Hier sind es jedoch vor allem die Fremdwörter, denen man durch ungewohnte Betonung neue Reize abgewinnt. Effektiv soll das klingen, optimal und intellektuell. Selbst solche soliden Naturen, wie es Nachrichtensprecher nun einmal sind, mogeln ein bißchen Pep in ihre Texte, indem sie von intensiven Beratungen und sensationellen Ergebnissen berichten.

Leute aber, die sich in Hörfunk und Fernsehen echt verkaufen müssen, Reporter und Politiker zum Beispiel, greifen mit noch mehr Grund und Lust zu dieser neumodischen Betonung. Konsequent und radikal werde man vorgehen, wird uns versichert; und wir sollen glauben, die Taten würden so entschieden und profiliert sein wie diese Aussprache. »Ich bin optimistisch«, versichert der Regierungssprecher und gibt sich damit selbst einen Rippenstoß ins Positive, man werde die Probleme jetzt konkret und systematisch angehen.

Nun muß ich zugeben, daß einige Wörter geradezu nach diesem Akzent verlangen, weil er ihre Bedeutung unterstreicht, was sage ich: erst erkennen läßt. Provokativ und spektakulär, demonstrativ und fundamental – sie alle gewinnen eine Wertsteigerung, die man (mit passender Betonung) nur als Evidenz und Dynamik bezeichnen kann. Denn auch Hauptwörter lassen sich aufzäumen, klar. Extremismus und Terrorismus klingen nun erst so furchterregend, wie es heutzutage gewünscht wird. Zugleich wird die Offensive aller kämpferischen Demokraten überzeugender, wenn aus dem Munde von Politikern und Journalisten die Offensive wie aus der Pistole geschossen kommt.

Es scheint mir jedoch nicht immer ein guter Sinn hinter dieser Aussprache zu stehen, denn anscheinend wahllos ergreift die Anfangsbetonung heute fast alle Fremdwörter – vom Konzert und Kongreß (wo das Englische abgefärbt haben könnte) bis zur Loyalität und Information, bei denen wir auch international einzig dastehen. Kein Tabu, das wir nicht den Mut hätten zu brechen.

Um wenigstens manches wiedergutzumachen, gibt es jedoch auch den Trend, einige Fremdwörter milder zu gestalten. Da hört man lispeln, die »Diskus-ion« sei doch recht »interesant« gewesen. Mit butterweichem s. Ach, ihr Regis-eure aller TV-Res-orts, ich bin weder mit eurem genuschelten Sex noch mit eurem geschlürften Service zufrieden. Aber am schlimmsten ist eure säuselnde Aggres-ion.

Unheimlich positiv

Unsere beiden Jungakademiker, die wir heute belauschen wollen, heißen Gabi und Mike, genauer: *die* Gabi und *der* Mike. Sie haben einige Schwierigkeiten mit sich und der elementaren Ausdruckskraft, die ihnen die deutsche Sprache gestatten würde. Die Sache beginnt mit einem minutenlangen Kuß.

Der Mike, langsam zu sich kommend: »Das finde ich unheimlich positiv an dir, daß du so emotional sein kannst.« Die Gabi: »Doch, aber eine bloß physische Kommunikation wäre für mich irgendwie nicht akzeptabel, ehrlich.« Der Mike: »Also, für mich ist das schon irgendwo relevant, würd' ich sagen, mit der Sexualität und so.« Die Gabi: »Ja, aber ich möchte echt versuchen, das in einer stabilen Zweierbeziehung zu realisieren, wo das integriert ist, ne?«

Wir sehen, wie sich in der heutigen Studentensprache zwei Elemente mischen: kühle Fremdwörter und die handfesten Ausdrücke der Jugend. Gelobt wird mit dem blassen »positiv«, dem man jedoch durch ein davorgesetztes »unheimlich« ein wenig Farbe gibt.

Der Mike: »Für mich wäre das auch optimal, ehrlich, eine Partnerschaft aufzubauen, wo ich mich echt mit identifizieren könnte, aber ich bin da eher pessimistisch, ob ich das auch praktizieren können würde.« Die Gabi: »Doch, das wär' aber ganz zentral für mich, das ist bei mir nicht bloß so'n marginaler Faktor, sondern hat echt 'ne Funktion, nicht nur quantitativ, auch qualitativ.«

Unsere beiden jungen Freunde sind das Opfer ihres Studiums, das ihnen nicht nur die Fremdwörter, sondern auch die distanzierte Sicht auf sich selbst empfohlen hat. Freilich nehmen sie nun die klinisch reinen Wörter, um sich dahinter zu verbergen. Hören wir weiter.

Der Mike: »Aber wenn es effektiv immer nur bei verbalen Aktivitäten bleibt, dann ist das, mein' ich, auf die Dauer frustrierend, ist sogar echter Streß, ja?« Die Gabi: »Mir fehlt da ehrlich im Moment die Motivation zu, nicht so generell, aber das muß man doch irgendwie individuell sehen, oder?« Der Mike: »Solange das also weitgehend theoretisch bleibt, ist das doch ziemlich ineffektiv, ich meine, das ist doch ein Prozeß, der nicht nur auf der kognitiven Ebene läuft. Das muß man doch mal ganz objektiv so sehen.«

Spricht hier eine gefühlsgehemmte Generation? Nein, ich glaube, daß wir hier nur die Nachwirkung einer älteren, wirklich nüchternen Generation hören. Aber diese Sprache läßt uns auch spüren, wie wichtig heute vielen jungen Menschen befreiende Gruppenerlebnisse sein müssen, die zu zweit nicht immer gelingen wollen.

Die Gabi: »Vielleicht ist deine Argumentation partiell absolut rational, aber für mich ist das irgendwie jetzt zu komplex, ich weiß auch nicht, aber ich finde solche Repression von dir auch unheimlich reaktionär. Wirklich, du.« Der Mike: »Wenn du immer nur deine Probleme thematisierst, das ist doch einfach, also, irre destruktiv. Du hast doch überhaupt keinen Ansatz hier produziert, wo man mal deine Perspektive sehen würde.« Die Gabi: »Von dir ist das doch auch echt wenig konstruktiv, wenn du das nur so konflikthaft problematisierst. Natürlich intendiere ich auch so was wie eine repressionsfreie Partnerschaft, aber ich habe dafür einfach noch kein Konzept fertig. Mir fehlt auch die familiale Basis von zu Haus und die eigene experimentelle Praxis. Ich schaff' das psychisch noch nicht – und das ist irgendwie Scheiße«.

Der Mike: »Du kannst das aber ganz konkret verbalisieren, und das ist doch irgendwie positiv, find' ich.«

O Mann!

Was sagt man bloß, wenn man ganz verwundert ist? Eigentlich sagt man da nichts, denn man ist sprachlos. Hat man seine Sprache wiedergefunden, so kann man sagen: »Da bin ich aber baff.« Wenn man nur diesen Satz stammeln kann, ist man wirklich noch fast sprachlos, denn da gibt es längst Besseres.

Als leider ebenfalls veraltet muß »Nein, das gibt's ja gar nicht« gelten und auch das völlig verdutzt klingende »Sag bloß«. Beides darf man gerade noch verwenden, während ein anderer Ausruf so ausgelaugt ist wie ein altes Kaugummi: »Da schlägste lang hin und stehst kurz wieder auf.« Das bleibt besser liegen. »Ach, du grüne Neune« ist wieder im Kommen (so alt ist es schon), und »Das darf doch nicht wahr sein« wirkt noch frisch.

Lassen wir auch ein schlichtes »Das hältst du nicht aus« meinetwegen passieren! Die stärker parfümierte Version »Das hältst du im Kopf nicht aus« ist jedoch schon fast übertrieben. Ganz eindrucksvoll aber wirkt »Das ist ja nicht zu fassen«, weil man es so richtig resigniert keuchen kann, was bekanntlich immer sehr überrascht klingt. »Da schnallste ab«, tatsächlich.

Sprachlich nicht eben vollkommen ist »Da hört sich doch alles auf«, weil wir das »sich« darin entbehren könnten, es klingt aber sehr entschieden. Das kann man auch von jenem kürzesten aller guten Ausrufe sagen, von »Donnerwetter«, das ich wortkargen und entschlußfreudigen Menschen sehr empfehlen kann. Es ist nur ein wenig veraltet, längst aber nicht so sehr wie »Das ist aber ein dicker Hund«. Der Hund wird von modebewußten Junioren längst zurückgewiesen. Er ist einfach zu lang. An seine Stelle trat das kürzere, wenn auch farblosere »Das 's aber 'n Ding«, ein Ausruf, der den Vorteil hat, notfalls drei- oder gar zweisilbig zu sein: »Das 'n Ding«, obwohl es doch ursprünglich fünf Wörter sind.

Ganz und gar »in« ist »Das ist wieder so 'n richtiger Hammer«. Wenn Sie das ausrufen, weiß jeder, daß Sie zwar nicht wirklich überrascht sind, aber wissen, was man in solchen Fällen sagt.

»Wie find ich denn das?!« klingt etwas unentschlossen, ich empfehle es nicht. Durchaus gern genommen aber wird noch immer die Behauptung, man sei von den Sokken, oder das haue einen vom Schlitten. Diese Wendungen haben sogar Nachkommen zeugen können: »Das zieht einem ja die Schuhe aus« ist sehr verbreitet, und »Das reißt einem ja die Ohren ab« wäre bei akustischen Zumutungen nützlich. »Das klappt einem ja die Fußnägel hoch« ist etwas für beherzte Menschen, die sich nicht so leicht vor etwas ekeln. Die sagen dann auch »Da fällt einem ja das Gebiß raus« oder süddeutsch »Do hängsch de Asch ins Feier«.

Die stärksten Gags, mit denen man seine Überraschung anzeigen kann, waren lange Zeit Sätze, die mit »ich denk ...« beginnen. »Ich denk, mich tritt ein Pferd« ist von Minister Apel verewigt worden, obwohl es für Eingeweihte schon out war, als Apel es noch einmal in Umlauf setzte.

Schick war auch mal die Vermutung, auf dem Sofa liege ein Pferd, meine Omi gehe mit Elvis Presley, oder der eigene Panzer habe einen Knutschfleck. Wenn Sie sich das alles inzwischen schon abgewöhnt haben, sagen Sie nur noch – abgeschlafft und mit halb geschlossenen Augen – »O Mann!«.

Wer sich differenziert auszudrücken weiß, dessen Gehalts*ebene* wird bald endlich seinem Bildungs*niveau* entsprechen, denn er tut dann immer so, als habe er abgewogen und nachgemessen, bevor er urteilt. Man könnte auch verkürzt sagen, sein »Gehalt« entspreche dann bald seiner »Bildung«, aber das klänge nicht so genau. Auch wer als Journalist immer das Maß mit angibt, dessen Honorar*höhe* wird bald nur noch von seinem Bekanntheits*grad* übertroffen sein (kann ich bestätigen). Sein Jahreseinkommen erreicht dann eine Größen*ordnung*, die nur noch von seinem Erwartungs*horizont* überboten wird.

Auch Sie sollten, um Eindruck zu machen, immer diese zusammengesetzten Hauptwörter bilden, bei denen der zweite Bestandteil so gut wie überflüssig ist, aber vorgibt, man habe Überblick und Augenmaß. Tun Sie etwas für Ihre Sprache, und mit dem Arbeits*aufwand* wird Ihr Wissens*stand* steigen, bis der Geräusch*pegel* Ihrer Worte selbst Ihre hohe Toleranz*schwelle* übersteigt.

Die Sprache der Technik hat uns gelehrt, zu messen und zu wägen. Darum ruft Ihnen Ihr Vorgesetzter zu: »Das Schadens*ausmaß*, das Sie anrichten, übersteigt unser Haushalts*volumen.*« Und Sie antworten ihm: »Meine Fehler*menge* ist nicht stärker gestiegen als unsere Umsatz*summe.*« Der Vorgesetzte hätte auch sagen können, der Schaden übersteige den Haushalt, und Sie hätten antworten können, Ihre Fehler hätten nur so mäßig zugenommen wie der Umsatz. Aber das hätte nicht so gut geklungen. Es müssen zusammengesetzte Hauptwörter sein, wenn es fachmännisch klingen soll.

»Die Zuwachs*größe* bleibt diesmal unter dem Normal*maß*«, hört sich besser an als die Bemerkung, der Zuwachs bleibe unter der Norm. Wer sich auf Quantitäten versteht, zeigt eben eine Begabungsbreite, die bei jedem Vorgesetzten die verdienten Streichel*einheiten* lockermacht.

Differenziert reden können wir auch, indem wir Zahlenangaben andeuten, weil wir nicht nur eine gute Intelligenz, sondern auch einen hohen Intelligenz*quotienten* unser eigen nennen. Klingt doch, als hätten wir nachgemessen. Wie bescheiden wirkt hingegen die Einsicht eines betriebsfremden Laien: »Die Fehler führen zu Ausschuß und drücken damit auf die Produktion.« Das ist eine Weisheit, die man nicht wiedererkennt, wenn sie so ausgedrückt ist: »Die Fehler*häufigkeit* erhöht die Ausschuß*rate* und senkt damit die Produktions*ziffer.*«

»Mit der höheren Temperatur werden auch die Betriebsunfälle häufiger«, ist bloß eine betrübliche Erfahrung, aus der gleich eine innerbetriebliche Einsicht wird, wenn wir es einmal etwas anders sagen: »Mit der Temperatur*kurve* steigt auch die Unfall*statistik.*« Auch sprachlich zeigt sich eben die Leistungs*bilanz* an der Silben*zahl* pro Aussage.

Selbst beim alltäglichen Sprechen ergeben sich Unsicherheiten und Gefahren, die wir am besten verringern, indem wir sie herunterschattieren zu bloßen Unsicherheits*faktoren* und Gefahren*momenten.* Unsere Ausfall*erscheinungen* werden seltener, und unser Stellen*wert* steigt. Wir sehen dann in gegen uns gerichteten Stör*versuchen* nur noch harmlose Gefahren*symptome* und Warn*signale,* die nicht unseren Aufstieg verhindern können, sondern allenfalls unsere Aufstiegs*tendenzen* beeinträchtigen.

Nicht die Bedeutung

Ganze Bevölkerungsschichten lassen sich heute danach unterscheiden, wie sie mit einem so unscheinbaren Wort wie dem Artikel umgehen.

1. Junge Leute rufen: »Das ist ehrlich *die* Schau!« oder »Das wird überhaupt *der* Gag!« Dabei wird der Artikel so betont ausgesprochen, daß jeder weiß: Eine einzigartige Schau, ein unübertrefflicher Gag sind gemeint. »Mensch, *die* Chance für dich, damit machst du *das* gro-

ße Geld!« Jeder versteht es, und die Älteren entsinnen sich, wie zu ihrer Zeit »*die* Masche« zu sagen einfach *der* Knüller war. Man kann eben viel in ein einziges Wort legen.

2. Wer schon etwas reifer und vom Leben enttäuscht ist, verwendet den vielsagenden Artikel jedoch anders. »Ich weiß nicht, ob sie schon *die* Sicherheit hat, vielleicht fehlt ihr doch auch *das* Talent«, seufzt die Mutter der noch immer unentdeckten Eisprinzessin. »Vielleicht konnte ich ihr auch nicht *die* Geborgenheit geben«, fügt sie hinzu und tröstet sich: »Aber das hat wohl heute auch nicht mehr *die* Bedeutung.« Gewiß wünschen wir ihr alle, daß ihre Tochter bald *den* Erfolg hat. Aber leider wird die Mutter selbst keinen haben, wenn sie sich einmal schriftlich ausdrücken muß. Da läßt sich der Artikel nämlich nicht so leicht betonen. Und so ergibt sich: *Die* Methode, sich mit wenig Worten verständlich zu machen, ist das noch nicht.

3. »Dies ist schlechter Stil. Dies muß ich deshalb mit Entschiedenheit zurückweisen!« Wer so spricht, kann eigentlich nur Politiker sein. Wir alle kennen das spitze »dies« am Anfang der Sätze aus dem Fernsehen. Es wirkt immer ziemlich scharf, ja schneidig; es scheint genau zu zielen. Das ist gewiß auch die beabsichtigte Wirkung, aus keinem anderen Grund haben die Politiker sich das angewöhnt. »Dies« darf, genaugenommen, nur verwendet werden, wenn man sich auf ein einziges vorangehendes Wort bezieht. Aber gerade deshalb wird es heute auch gern da benutzt, wo man nur den Anschein von Genauigkeit erwecken will.

4. Unsere flotten Macher suchen auch diesen Kniff noch zu überbieten und greifen zu ganz altmodischen Fürwörtern. »Wie denn solches?« erkundigt man sich heutzutage gutgelaunt oder will wissen, was denn »dieser« Bundestag heute verhandelt. Ein anderer hat eben schon »genau das nämliche« gefragt. Mir jedoch kommt selbiges komisch vor. Ob sich die Herren jenes vielleicht doch wieder abgewöhnen könnten? Es wäre ein erfreulicher Rückschritt; mir täte man mit ebensolchem jedenfalls einen großen Gefallen.

5. Betreten wir den Elfenbeinturm der Wissenschaft, so sind wir auch sprachlich in einer anderen Welt. Hier ist nichts so beliebt wie der unbestimmte Artikel. Man legt sich eben nicht gern fest. »Das ist nur ein erster Versuch«, sagt man bescheiden, obwohl doch der erste immer *der* erste ist. Hat man Endgültiges vollbracht, so vermutet man, es sei »ein abschließender Beweis« gefunden worden. Das eigene Buch ist, räumt man mit stillem Lächeln ein, jetzt in »einer vierten Auflage« erschienen. Man spürt die Verpflichtung, nein: *eine* Verpflichtung, dem Kollegen zu danken, daß er »ein Vorwort« beigesteuert hat (das Buch hat nur eins). In diesem Vorwort heißt es wiederum: »Es geht hier nicht um eine endgültige Würdigung ...«

Ein, ein, ein ... Ein Ende ist nicht abzusehen. Wissenschaftler lassen ihre Aussagen gern in der Schwebe. Der so wundervoll unbestimmte Artikel ist, wie man sieht, für selbige immer noch *der* Renner.

3
Moderne Zeiten

Repräsentant sucht Butler

Bis ins Jahr 1975 gab es in Berlin den Titel »Dirigierender Arzt«. Vielleicht hat sich Herbert von Karajan diese lokale Konkurrenz verbeten, jedenfalls heißt der Posten jetzt einfach Chefarzt. Es ist vieles anders geworden seit der Reform der Amtsbezeichnungen Mitte der siebziger Jahre. Auch die Romantik ist weg. Es gibt keine Revierförster mehr und keine Forstmeister, sie heißen nun Inspektoren und Räte. Die Schloßverwalter sind Oberaufseher oder Hauptwarte; der bayrische Offiziant (was mag das gewesen sein?) und der Pedell (das war ein Hausmeister) sind nun Amtsgehilfen oder bestenfalls Oberamtsgehilfen.

Bei den Beamten haben wir jetzt überall die Stufen: Assistent, Sekretär oder Inspektor. Mir fällt auf, daß das alles Fremdwörter sind. Vielleicht waren diese Titel deswegen begehrter, man möchte ja etwas aufrücken. Der Forstwart ist nun Assistent (wie der Universitätsassistent oder die bezaubernden Assistentinnen unserer Showmaster). Der Postverwalter ist nun Sekretär (was doch an den Staats- oder Generalsekretär erinnert). Und der Zollkapitän ist Inspektor (das sind doch die klugen Köpfe, die im Krimi jeden Fall lösen).

Den Hang zum Fremdwort haben wir in vielen Berufen. Die Werbeleute kennen nur Layouter, Designer oder Art Direktoren (die von Außenstehenden für eine besondere Art Direktoren gehalten werden). Auch Sales-Promoter, Product-Manager oder Controller ist irgendwie schick, finde ich. Der klinkenputzende Vertreter hat sich am meisten hochgearbeitet, wenigstens auf dem Papier. Einige Zeit hieß er noch Direktverkäufer oder Außendienstler, jetzt aber Repräsentant. Das ist vielleicht die kühnste Aufwertung von allen. Er repräsentiert, der Vertreter hält Hof, man kommt zu ihm! Eine ähnliche Karriere hat nur noch der Diener gemacht, der sich nun Butler nennt.

Es schmückt sich nun mal mit Fremdwörtern besser. Die Sprachlehrerin heißt Logopädin, die Schneiderin Modistin, die Blumenbinderin Floristin, die Kellnerin Serviererin, der Töpfer Keramiker. Nur wenn das Fremdwort arg heruntergekommen ist, wird man wieder deutsch. So heißen die Dekorateure seit 1960 Schaufenstergestalter. Und als Komiker nennt man sich heute Vortragskünstler.

Je tiefer der Stand, desto wichtiger die Aufwertung. Der Zuchtgehilfe war ein Schweinewärter, der Landwirtschaftstechniker war Melker. Die Bürokraft hieß vor Zeiten Laufbursche, der Hausinspektor Nachtwächter. Die Müllkutscher, heute Müllwerker genannt, haben Aussicht auf den Titel Straßenpfleger. Das haben ihnen die Raumpflegerinnen vorgemacht, die um das Jahr 1930 von dem deutschen Fachmann für Berufe, Fritz Molle, erfunden worden sind. Der Fensterputzer wird schon lange Glas- und Gebäudereiniger genannt und der Tapezierer Raumausstatter.

Gut können es auch die Heilberufe. Die Oberschwester ist nun vielerorts die Abteilungsschwester, der Masseur ist Physiotherapeut. Alle Dentisten wurden zu Zahnärzten, alle Ärzte zu Fachärzten. Und was ist ein Baumchirurg? Das ist seit 1961 der Name für einen besonderen Gärtner.

In einigen Betrieben werden alle Arbeiter allmählich zu Facharbeitern ernannt, alle Schreibdamen zu Sekretärinnen. Die Reform der Ämter machte aus manchem Staatsanwalt einen »Landesanwalt«, aus manchem Direktor einen Präsidenten.

Nur die bisherigen Oberpfarrer im Strafvollzug heißen jetzt Pfarrer. Sie werden es wohl selbst so gewollt haben.

Heißen Dank!

Der gute alte Schlager wirkt veraltet, es muß heute wenigstens ein Hit sein, am besten ein Superhit, den man bei Bedarf noch zum absoluten Superhit steigern kann. Solche Steigerungen sind wohl unausweichlich. Aus der Autowäsche wurde die Schnellwäsche und längst auch die Ultra-Schnellwäsche.

Die Opfer unserer Straßenräuber werden auch nicht mehr geschlagen oder bloß niedergeschlagen, sondern zusammengeschlagen; sie werden auch nicht beraubt, sondern ausgeraubt – offensichtlich, bis sie leer sind. Hat man sich erst einmal an diese stärkeren Bezeichnungen gewöhnt, so kann man nicht mehr zurück.

Auch Ungenauigkeiten müssen dann in Kauf genommen werden. Früher war man gelegentlich peinlich berührt, dann schockiert, heute ist man geschockt. Das soll an Elektro- oder Nervenschocks erinnern und wäre wohl eine Übertreibung zu nennen.

»Überrunden« hieß einmal, auf der Rennbahn eine Runde weiter sein als der Konkurrent; inzwischen wird es gebraucht wie »überholen«. Wenn sich irgendwo die Probleme mehren, könnte man sagen, sie hätten sich vervielfacht. Man sagt aber meist, sie hätten sich potenziert, was oft zuviel gesagt ist, weil das bedeutet, sie seien mit sich selbst malgenommen worden. Ist mir ein Buch abhanden gekommen, und kann ich es nicht mehr finden, so ist es heutzutage nicht bloß verschwunden, sondern »spurlos verschwunden«, obwohl Bücher beim Verschwinden gewöhnlich keine Spur hinterlassen. Die schlichte Aussage ist restlos verdrängt worden, was fraglos schade ist.

Anscheinend leistet die Polizei bei uns so gute Arbeit, daß es ihr immer gelingt, ein Gelände hermetisch abzuriegeln, obwohl es dann eigentlich luftdicht abgeschlossen wäre. Einige politische Regelungen gelten bei uns als globale Regelung, was nach meinem Verständnis heißen müßte, daß die Regelung so umfassend ist, daß sie den ganzen Erdball umspannt. So aber ist es längst nicht immer gemeint. Nicht so gemeint ist auch der tragische Unglücksfall und der dramatische Fortschritt. Alle großen Unglücksfälle empfinden wir nämlich als tragisch und nehmen dem Wort damit seinen Wert.

Man könnte noch »unendlich« viel dazu sagen, wie dieser starke Tobak in der letzten Zeit »unvergleichlich« stark zugenommen hat. Aber ich rechne mit Ihrem vollsten Einverständnis, wenn ich aus den verschiedensten Beispielen nur eines noch herausgreife. (Heißen Dank!)

Ich meine die Erhebung des Autos in den Adelsstand der Flugzeuge. Einen Rennfahrer nennt man heutzutage einen Piloten. Nun gut. Den Motor nennen die anspruchsvollen Werber von BMW gern das Triebwerk; der Fahrersitz samt Armaturen wird uns als Cockpit verkauft. Dabei ist schon das Cockpit der Düsenflugzeuge selbst eine Steigerung der guten alten Kanzel der Propellerflugzeuge. Die Firma Simca begrüßte ihre Kunden sogar mit »Willkommen an Bord!« (willkommen an Bord eines Autos also). Ich hatte zwar schon alles mögliche gelesen (alles mögliche?), aber das war mir neu. Finden auch Sie das bedenklich? Nun antworten Sie bitte mit einem einfachen Ja – und sagen Sie nicht »Auf jeden Fall!«

Amerikanische Teenager haben vor uns erkannt, daß man von den Übertreibungen wieder herunter muß. Wenn sie etwas ganz dufte finden, sagen einige von ihnen, es sei »bad«. Und echt heiße Sachen sind für sie cool. Na bitte! Nur lassen sich diese Ausdrücke natürlich auf die Dauer auch wieder steigern.

Kontaktgift

Ich habe etwas gegen interessante Kontakte. Sie werden denken: »Der ist schön blöd«, denn wer hat schon etwas gegen interessante Kontakte. Ich habe auch nur etwas gegen diese beiden Wörter. Gegen »interessant« und gegen »Kontakte«. Frage ich meinen Freund, wie es in der SPD-Versammlung war, so höre ich: »Hm, ganz interessant.« Frage ich meine Frau, warum sie die Sendung abgeschaltet hat, so sagt sie vielleicht: »Ich fand das nicht so interessant.«

»Eben eine interessante Meldung aufgefangen«, flüstert der Geheimdienstmann, während der Geschäftsmann am Telefon seinen Partner mit der Bemerkung auflaufen läßt: »Für uns nicht interessant.« Die Schwiegermutter seufzt mit ihrer Tochter: »Er fand dich wohl nicht mehr interessant.« Und der Chef erregt sich: »Ach, das ist aber interessant!« weil er eine Unbotmäßigkeit herausgehört haben will.

Leider scheint immer das gleiche Wort nahezuliegen. Und dabei gäbe es doch eine verlockende Auswahl anderer Wörter. Jedes eine Maßanfertigung: spannend, aufschlußreich, anregend, verführerisch, lehrreich, verräterisch, köstlich, unterhaltsam, kurzweilig, lohnend ... Alles nicht interessant.

Es ist, als hätten wir in unserer Sprache das Neonlicht angeknipst. Da flackert es nun und läßt keine Schattierung mehr zu. Interessiert sind wir und engagiert. Immer: engagiert. »Ja, sie ist sehr engagiert« könnte heißen »sie ist verbiestert« oder aber »sie ist davon ganz hingerissen«. Aber immer: sehr engagiert. Solche Leute sehen nur noch Strukturen und Funktionen, und sie lieben über alles die keimfreien Wegwerftücher »positiv« und »negativ«. »Mit der Kommunikation klappt es nicht mehr so«, sagen sie und meinen: »Der alte Junge schreibt mir nicht mehr.« Sie sagen: »Ich habe ein paar Informationen für Sie«, und das heißt vielleicht: »Kennen Sie den neuesten Klatsch?« oder aber »Ich habe eine tolle Nachricht für Sie«.

Besonders unbeliebt aber hat sich bei mir das Wort Kontakte gemacht, das meist in der Wendung »menschliche Kontakte« auftritt. Was Menschen verbindet, das können, meine ich, Intrigen sein und wollüstige Affären, Freund- und Feindschaften, das kann gute Nachbarschaft und intime Abneigung sein. Aber all das nennt man ganz fade »menschliche Kontakte«. Und warum? Weil es wissenschaftlich und abstrakt klingt. Ein Oberbegriff. Lassen wir ihn doch oben. »In dem Neubauviertel sind die ganz ohne menschliche Kontakte.« Solch ein trauriger Tatbestand ist vielleicht angemessen mit diesem Wort ausgedrückt, bei dem ich immer an das Kontaktgift denken muß, an den Kontaktstecker oder die Kontaktanzeigen.

Darum verstehe ich auch nicht, wie man von einem »kontaktfreudigen Menschen« sprechen kann. Ein geselliger Mensch, ein offener Charakter, ein Kerl, der seine Umgebung im Sturm erobert, eine Betriebsnudel, ein Kumpel, ein Draufgänger, ein Charmeur, einer, der allen am liebsten auf die Schulter klopft und alle nach dem Vornamen fragt. Sucht jemand wie er so etwas Kaltes und Unpersönliches wie – Kontakte? Nein, der kontaktfreudige Mensch ist eine Erfindung – wie die menschlichen Kontakte auch.

Wir offenherzigen Naturen hingegen (Sie doch auch, oder?) kennen statt dessen viele Menschen gut – und mögen sie.

Bei Rotlicht

»Ersehne harmonische Zweitehe«. Diese Anzeige ist zwar in heute üblichem Deutsch abgefaßt, aber die Zweitehe gefällt mir dennoch nicht. Ich meine: das Wort nicht. Dies Wort nämlich macht die zweite Ehe zu etwas fertig Abgepacktem, für das man einen Fachausdruck zur Verfügung hat. Bedenken habe ich auch beim Zweithaar und den Drittzähnen. Solche Klebewörter sollen wohl wie Fachausdrücke klingen und über Peinlichkeiten hinweghelfen.

Sie tun es auch, sie wirken technisch und passen in unsere Zeit: Schnellrast, Kurzurlaub, Eilauftrag, Sofortprogramm ... Die meisten sind jedoch etwas ungemütlich. Was waren das noch für Zeiten, als man noch freie

Zeit hatte und noch nicht die Freizeit verplant wurde. »Freizeit«, das ist auch ein Fertigprodukt aus der Wegwerfpackung.

»Frischmilch« klingt nach Fabrik. Bei »Grüngürtel« denkt man eher an den Beton ringsum, und die Naherholung ist auch nicht verlockender als der Nahverkehr. Vor einigen Jahren ist der Ausdruck »Kleinkind« von dem Journalisten Karl Korn kritisiert worden, weil er zu offiziell wirke und nicht so liebevoll wie »kleines Kind«. Ich finde das auch. Kleinkind ist wie Junghenne und Zweitwagen.

Hören wir von »Kaltluft«, so wissen wir: aha, Wetterbericht. Wir selbst lassen »kalte Luft« ins Zimmer. Ebenso genormt ist das Kaltwasser und die Kaltmiete, die zudem noch den Mangel hat, etwas unlogisch zu sein, weil eher die Wohnung als die Miete kalt ist.

Nicht alle diese Wörter sind jedoch neu und abstoßend. Das Hochgebirge hatten wir vor dem Hochofen und dem Hochhaus. Den Hochkommissar kennen wir neben der Hohen Behörde. Nur der Hohepriester steht deutlich besser da als der Hochstapler. Aber die Hohe Schule ist wiederum nur ein Kunststück mit Pferden, während die Hochschule uns wissenschaftlich kommt. Die Hochreligionen stehen nicht mehr in hoher Blüte, die hohe Geistlichkeit nicht mehr in hohem Ansehen, auch wenn sie mit Hochdruck daran arbeitet. Hier scheint die Wortbildung zufällig.

Oft aber steht die Gemütlichkeit neben der Norm-Sprache. Der bunte Abend und das Buntmetall; die nahen Freunde und der Nahbereich; die tiefen Gefühle und der Tiefbau; die große Liebe und die Großveranstaltung.

Die modernen Klebeverbindungen sind in einigen Fällen sogar unentbehrlich. Den Kleinsparer könnte man nicht als kleinen Sparer bezeichnen, die Leichtathletik ist keineswegs leicht und der Schönredner nicht immer schön. Wir brauchen diese Wörter, sie zeigen uns auch meist, wo wir sind. Lesen wir, der Spätaussiedler sei zum Frührentner geworden, auch bei Früherkennung seien Spätfolgen nicht auszuschließen, so wissen wir, hier spricht die Bürokratie. Andere Fachsprachen tun es ihr gleich. Ich bin im Vollbesitz eines Leerzimmers, du lagerst Trockenmasse in der Naßzelle, er übt im Kurzlehrgang sein Langzeitgedächtnis, sie fährt Leichtmetall im Schwertransporter, wir füttern Jungstiere mit Altmaterial, und ihr testet Kleinwagen im Großversuch. So klingt die Fachsprache.

Wir warten bei Rotlicht an der Kreuzung. Bei Grün fahren wir los, denn auf »Grünlicht« brauchen wir nicht zu warten, das gibt es nämlich nicht. Ob unsere Sprache damit nicht auf dem Falschweg ist? Diese Letztfrage werden wir wohl nur klären können, wenn wir uns wirklich Großmühe geben.

Seiner Frau gegenüber treu

»Brandt fordert Solidarität gegenüber Kommunisten«, diese Meldung verwirrt Anhänger und beglückt Feinde des Sozialismus-Präsidenten. Was aber hatte Brandt wirklich gefordert? Solidarität *mit* Kommunisten oder *angesichts* des Kommunismus? Das letztere. Schuld an der Unklarheit war nur das Wort »gegenüber«. Wir sollten uns ihm gegenüber in acht nehmen. »Gegenüber« ist lautlos im Vormarsch und bietet uns überall seine scheinbar guten Dienste an. Wir greifen nach diesem Wort, weil es fast immer paßt. Aber es ist deswegen auch mißverständlich – und vor allem: Es ist so gemütlich wie ein Bürohaus und so ganz persönlich wie ein Formular.

Kaum ein anderes Wort zeigt deutlicher, wie menschliche Beziehungen aufgehoben werden. »Ich hatte ihr gegenüber immer viel Verständnis« – man vermeidet das alte »für sie«, weil es zu intim klingen könnte. »Wir hatten damals gegenüber Herrn Munte vereinbart ...« – das gewohnte »mit Herrn Munte« klänge zu vertraulich. Auch »vor« wirkt zu persönlich, deswegen sagt man heute »Sie brauchen sich mir gegenüber nicht zu rechtfertigen«. Obwohl man auch »zu« jemandem stehen kann, fragt man jetzt neutral »Wie stehen Sie ihm gegenüber?« Und schließlich ersetzt man »gegen« schon deswegen durch »gegenüber«, weil es so hautnah treffen kann, und sagt: »Er war mir gegenüber immer sehr rücksichtsvoll.« So stehen sich die Menschen nur noch gegenüber, schön getrennt.

»Gegenüber« schleicht sich auch da ein, wo es kein anderes Wort verdrängen muß, und schafft Distanz. »Ich bin meinen Mitbürgern gegenüber verpflichtet...«, will sagen, ich stehe den anderen in Gedanken gegenüber, Abstand muß sein. »Er ist seiner Frau gegenüber treu« – das sagt schon fast alles über die innere Entfernung zwischen den beiden. »Er ist seiner Frau treu«, wie anheimelnd, vereint und vertraulich klingt das.

Wenn sich solch ein Wort ausbreitet, so hat das immer viele Gründe. Drei von ihnen will ich noch andeuten. 1. Der Stil der Ämter und Juristen verlangt oft nach diesem Universalwort, weil kein anderes in die Konstruktion paßt: »Wir hegen Ihnen gegenüber die Erwartung...« 2. Auch bei statistischen Vergleichen ist das Wort ziemlich naheliegend: »... hat gegenüber dem Vorjahr erheblich zugenommen.« Vermeiden läßt es sich aber hier leicht. 3. Manche Menschen wollen das Wort »mit« da umgehen, wo es einen feindlichen Sinn hätte (was ihnen nicht zum kooperativen »mit« zu passen scheint), und sagen darum: »Er verfährt brutal seinen Kollegen gegenüber.« Oder sie vermeiden ein »gegen«, wo es einen freundlichen Sinn hätte, und sagen: »Er war immer sehr freundlich gegenüber seinen Verwandten.«

Liebe Leser, sind Sie nun etwas ratlos meinen Erläuterungen gegenüber? Seien Sie sicher, daß ich Ihnen gegenüber gar keine Forderungen stelle. Wir müssen uns nur gegenüber Mißverständlichkeiten schützen. Im übrigen bejahe ich eine souveräne Unabhängigkeit gegenüber Regeln und billige Verstöße der Grammatik gegenüber gern. Aber hier brauchen wir klare Linien gegenüber einem Trend, der zu einem Verlust gegenüber früher führt. Deswegen sollten Sie sich nicht der kleinen Mühe gegenüber drücken, die Tips zu überdenken, die ich hier mit aller Rücksicht gegenüber Ungeübten verbreitet habe. Oder meinen Sie, ich verführe Ihnen gegenüber zu hart? Bedenken Sie doch, wie sehr Sie das schöne Geld nutzen müssen, das Sie gegenüber Ihrem Buchhändler aufgewendet haben.

Irren ist männlich

In Amerika hat man eine Streitfrage kultiviert, die uns auch noch lange beschäftigen wird. Man nennt sie »the HIS and HER Problem«, und sie läßt sich mühelos auch im Deutschen herstellen. Nehmen wir den Satz »Der Mensch ist dazu da, SEINEN Verstand zu gebrauchen.« Seinen? Haben Frauen keinen Verstand? Genau das ist die Frage. Vor fast 130 Jahren schon hat ein friedliebender Bürger der USA vorgeschlagen, in Sätzen, die sich auf beide Geschlechter beziehen, das Kunstwort THON einzusetzen. Heute vergeht keine Woche, in der nicht in Amerika neue Vorschläge gemacht werden, wie man die Benachteiligung der Frauen wenigstens in diesem Punkt überwinden kann. Andere Kunstwörter sind empfohlen worden, auch die Verbindung »her/his« oder einfach der Plural »their«, den schon Präsident Kennedy benutzte, um amtliche Sätze neutral zu machen: »If a person gets sick, THEY are in the hospital ...«

Bei uns sagt man noch unbekümmert: »Jeder Bürger soll SEIN Recht bekommen.« Aber nicht mehr lange, dann will die Bürgerin auch IHR Recht, zumindest das Recht, mitgenannt zu werden. Die deutsche Sprache ist zwar weiblichen Geschlechts, aber sie ist frauenfeindlich. Sie heißt Muttersprache, aber wenn diese Bezeichnung etwas Richtiges treffen sollte, so haben doch das Vaterland und Vater Staat dafür gesorgt, daß die Väter auch über die Sprache herrschen. Eine Lehrerin muß, auch vor einer reinen Mädchenklasse, sagen: »Wer hat SEINE Aufgaben nicht gemacht?« Und die Mädchen antworten: »KEINER«, obwohl gerade sie auch »keine« sagen könnten.

Daß unsere Sprache die Frauen einfach übersieht, muß

jedermann (jeder Mann) zugeben. Nur merkt man es meist nicht, während frau es längst spitzgekriegt hat. In der Frauenszene sagt und schreibt man »frau/man« oder nur »frau«. Mir leuchtet das ein, weil es die Männer nachdenklich und die Frauen selbstbewußter macht.

Leichter als die Grammatik könnten wir den Sprachgebrauch ändern. Seinen Mann stehen, der kleine Mann, der Mann auf der Straße – streichen! Sich ermannen, Manns genug sein, ein Mann ein Wort – all das will ich nicht mehr verwenden. Selbst ist die Frau, eine Frau der Tat – so läßt es sich hören. Freiheit, Gleichheit, Schwesterlichkeit!

Ungeklärt ist aber unter uns Feministen die Frage, ob man/frau die Kollektive so lassen darf: Lehrer und Ärzte, Wissenschaftler und Künstler, Deutsche und Franzosen, Juden und Christen, Kollegen und Genossen. Sind dabei die Frauen mitgemeint? Ich empfehle meinen Schwestern, sich einfach mitgenannt zu fühlen. Und doch wäre zum Beispiel die Anrede »Liebe Kollegen« heute noch arg mißverständlich. Vorschläge erbeten.

Wurden Frauen Minister, Professor und Präsident, so wollten viele von ihnen noch vor Jahren die Berufsbezeichnung männlich lassen und sie als die zugleich neutrale Form ansehen: »Frau Minister« etwa. Das kommt aus der Mode, obwohl es praktisch schien. In den USA macht frau es meist ähnlich (She is an author) und in der DDR auch (Sie ist Held der Arbeit). Dann muß man bei uns aber Berufe wie Stewardeß oder Sekretärin neutralisieren zu Flugbegleiter und Büroassistent oder so ähnlich. Der Trend bei uns geht jedoch zu Doppelformen: Malermeister/meisterin.

Juden und Christen (meist weibliche) haben in den USA auch die Bibel geändert. Statt von FATHER und LORD ist nur noch von »god« die Rede, ein Wort ohne Geschlecht. Oder hat Gott doch eins? Man erzählt sich in Amerika von dem Menschen, der aus dem Himmel zurückkehrte und nur eins mitteilte: She is black.

Das Deutsch für Eltern steht in keinem Lehrbuch, es vererbt sich von selbst. Auf seiner harmlosen Stufe klingt es etwa so: »Was soll denn das? Mußt du mich eigentlich immer stören? Das will ich jetzt gar nicht wissen. Laß mich in Ruhe. Wie oft soll ich dir das noch sagen? Ich will nichts mehr hören. Laß das jetzt. Das paßt mir nicht. Weil es mir nicht paßt! Und damit basta. Das heißt ›möchte‹ und nicht ›will‹. Finger weg! Laß die Finger davon, habe ich gesagt. Siehste! Ich hab dir's doch gesagt. Schon wieder! Sag mal, was ist eigentlich los mit dir? Hörst du überhaupt zu, wenn ich mit dir rede? Mach den Mund auf. Antworte mir! Sei nicht so vorlaut. Wenn ich rede, hast du Pause. Still jetzt. Du bist jetzt ruhig. Bist du wohl still? Noch ein Ton, und du fliegst raus. Nichts als Ärger hat man mit dir.«

Ein Gespräch kann man in der Elternsprache nicht führen, es ist eine Monologsprache. Das gilt auch von den Ermahnungen. »Wie sieht es überhaupt hier aus. Räum sofort das Zimmer auf. Du tust, was ich dir gesagt habe. Kommst du jetzt her? Komm jetzt her, sage ich. Beeil dich. Ob es dir paßt oder nicht, ist mir egal. Ich seh mir das nicht mehr länger an. Wird's bald? Dir ist ja alles egal, da kann man reden, was man will. Jetzt lüg nicht auch noch, natürlich hast du das gewußt. Da brauchst du gar nicht so beleidigt zu gucken. Nie kannst du hören. Mach das weg! *Du* stellst dich auch immer an. Wie redest du eigentlich mit mir? Kümmere du dich um deine eigenen Sachen, ja? Hier bestimme immer noch ich. Bei uns herrscht Ordnung. Ich bring dich schon noch dahin zu gehorchen.«

Wir alle wissen aus Erfahrung, daß man so nur zu Kindern spricht – und auch nur zu Kindern, die man schon störrisch gemacht hat. »Das will ich nicht gehört haben. Fang nicht schon wieder an. Was ist denn *jetzt* schon wieder los, sag mal? Antworte gefälligst, wenn du gefragt bist. Was ist denn das für ein Ton? So was verbitte ich mir ein für allemal. Glaub bloß nicht, du könntest hier...

Was fällt dir ein. Kein Wort mehr. Werd bloß noch frech! Halt den Mund. Warum schreist du denn schon wieder? Man bekommt ja nie eine Antwort von dir.«

Es ist nicht immer leicht, miteinander zu reden. Die Elternsprache aber läßt das gar nicht erst zu. »Bald hast du es wieder geschafft. Wer schimpft denn hier ständig? Du zwingst einen doch dazu. Glaubst du, mir macht das Spaß? Du wirst noch sehen, wohin das führt. Das wird dir noch leid tun. Du bringst mich noch ins Grab. Nun reiß dich bloß zusammen. Das laß ich mir von dir nicht mehr bieten, verstanden? Mit mir kannst du das nicht machen. Wie oft muß ich das noch sagen? Ich kann auch anders. Noch *ein* Wort! Was bildest du dir eigentlich ein? Wenn ich noch einen Ton höre, dann ... Halt's Maul, sage ich!«

Am Ende dieser Unfähigkeit, miteinander zu sprechen, steht die Drohung oder gar die nackte Gewalt. »Früchtchen, gleich knallt's. Was glaubst du, was dann los ist. Behalt deine Unverschämtheiten für dich. So, jetzt langt's aber. Jetzt ist das Maß voll. Das werd ich dir schon austreiben. Jetzt fängst du eine. Ich schlag dir eine rein, wie du sie noch nie gekriegt hast. Durchprügeln müßte man einen Lümmel wie dich. Dir werd ich's zeigen. So! Da! Gleich kriegst du noch eine. So eine Unverschämtheit. Hör auf zu heulen!«

Man kann sich aber, glaube ich, auch in der Familie miteinander verständigen.

Ausweislich

Unsere verehrten Beamten sind schon oft das Opfer von Scherzen geworden. »Was ist der Unterschied zwischen Holz und der Beamtenschaft?« Antwort: »Holz arbeitet.« Aber das ist ganz ungerecht. Beamte schreiben viel, und das ist echte Arbeit, vor allem, wenn man täglich vermeiden muß, in das alte Beamtendeutsch zu verfallen, dem noch heute jeder ordentliche Staatsdiener nachtrauert. Wie edel klang allein schon der Anfang der alten Schriftsätze! Hoheitsvoll, unnachahmlich.

»Zwecks Feststellung Ihrer Personalien werden Sie aufgefordert ...« begann vielleicht der erste Brief. Der nächste fing auch nicht schlechter an: »Seitens des Amtes für Öffentliche Ordnung wurde festgestellt ...« Und so auch der dritte Brief: »Mangels ausreichender Unterlagen wird hiermit ...« So ging es jedesmal. Am Anfang mußte möglichst ein Wort stehen, das auf »-s« endete. »Vermittels umfangreicher Nachforschungen ...« Es klingt ebenso unnahbar wie erhaben.

»Behufs eingehender Prüfung ...« Eine Fülle von Möglichkeiten bot sich dem Beamten dar. »Betreffs Ihrer Eingabe teilen wir Ihnen mit ...« Oder: »Hierseits wird verfügt, daß Ihrerseits« Ja, so und nicht anders klang das früher. Heute müssen wir es oft schmerzlich vermissen.

Der erfahrene Beamte greift notfalls auch zu Wörtern auf »-lich«, um den Briefanfang zu gestalten. »Anläßlich einer Überprüfung Ihrer Akten ...« ist ja auch nicht gerade anheimelnd. »Antwortlich Ihrer Anfrage vom 3. Januar vergangenen Jahres ...« Na, die antworten doch wenigstens. »Bezüglich des von Ihnen gestellten Antrags auf Beihilfe ...« Die Reihe der Wörter, die den Anfang machen konnten, ist kaum zu übersehen. »Ausweislich ...« gehört dazu, »Inhaltlich ...« und »Rücksichtlich ...«, »Vorbehaltlich ...« und »Gelegentlich ...« Der vorletzte Brief begann gewöhnlich mit »Einschließlich der aufgelaufenen Mahnkosten schulden Sie ...« Und der letzte Brief? Der bestand nur noch aus dem Satz »Bezüglich Ihres Antrags sind weitere Eingaben zwecklos.« Die gute alte Zeit.

Aller Briefanfang ist schwer, und nie kaut man so lange auf dem Federkiel wie bei der Frage: Mit welchem Wort soll ich beginnen? Die Lösungen, die man in den Kanzleien gefunden hatte, boten wenigstens zwei Vorteile. Erstens mußte man nicht mit »Wir« beginnen, was damals (zu Unrecht) als unhöflich galt. Und zweitens wirkten die Anfangswörter fast so ehrfurchtgebietend, wie das am Schluß beigedrückte Amtssiegel.

Fast alle diese Anfangswörter zogen den Genitiv nach sich. Man muß deswegen wohl sagen, daß der Genitiv der hoheitliche Fall schlechthin ist. Deswegen wurde er auch innerhalb der Briefe möglichst oft angebracht. Dazu dienten Wörter wie: nach Maßgabe, in betreff, zufolge, unter Weglassung, aufgrund, im Falle, unbeschadet, laut, namens, vermöge oder kraft... »Im Falle Ihrer Weigerung...«, das saß am Schluß des Briefes noch wie ein Säbelhieb.

Die Genitive gehören zu den Fällen, die der Beamtenschaft inzwischen weggeschwommen sind. Doch sie wußte sich zu helfen. Die Stadt Hannover drohte eine Zeitlang ihren Auto fahrenden Bürgern, die ein Verwarnungsgeld zahlen sollen, von vornherein: »Verspätet eingehende Beträge werden auf Ihre Kosten zurückgesandt.« Damit ich nun aber nicht wegen Beamtenbeleidigung belangt werde, beeile ich mich zu versichern: Das Deutsch unserer Staatsdiener ist in letzter Zeit wirklich besser geworden.

4
Gesammelte Mißverständnisse

Krankenhausreif

In dem Gutachten stand, der Angeklagte Eddie P. *neige* zu Wutausbrüchen und er *zeichne sich aus* durch eine besondere Brutalität. Das ist sehr vornehm formuliert, aber auch etwas irreführend, denn hier werden angenehme Wendungen (neigen, sich auszeichnen) für sehr harte Dinge (Wutausbruch, Brutalität) gebraucht. Vielleicht machte unser Gutachter das mit Absicht, wir erfahren jedenfalls noch, der schwere Junge Eddie *geize nicht* mit Drohungen und *stifte* sogar noch im Knast Verwirrung, er *genieße* selbst in der Unterwelt einen schlechten Ruf und *verspreche* Berufsverbrecher zu werden.

Im Deutschen kommt man leicht in die Versuchung, so edle Wörter für so elende Sachen zu nehmen, weil uns neutrale Ausdrücke kaum zur Verfügung stehen. Als der Staatsanwalt eine hohe Freiheitsstrafe forderte, meinte er, Eddie P. habe sie *verdient;* er sei es sogar *wert,* für immer von der Gesellschaft isoliert zu werden. Da können wir noch froh sein, daß der Staatsanwalt, als er die Vorstrafen *würdigte,* nicht sagte, Eddie habe sein Leben der Kriminalität *geweiht,* sondern nur, er habe es dem Verbrechen gewidmet.

Und Eddies älterer Bruder? Der bot ihm von Jugend an ein *böses Beispiel,* er war ein *schlechtes Vorbild.* Auch hier stehen keine neutralen Wörter zur Verfügung, man muß sie durch Eigenschaftswörter erst schlechtmachen; selbst an *Muster* und *Modell* hängt noch die Vorbildlichkeit.

Eddie P. hatte tatsächlich eine schwere Jugend. Wenn wir auf sie zu sprechen kommen, ist zugleich Gelegenheit, von den Wörtern Notiz zu nehmen, die man in ungutem Zusammenhang nicht verwenden sollte, weil es für sie passende Gegenstücke gibt. Es ist das *Verdienst* (die Schuld) von Eddies Heimerziehung, daß alles so kam. Der *Erfolg* (die Folge) seiner ersten Haftstrafe waren dann Milieukenntnisse, durch die seine *Chance* (das Risiko), zum Verbrecher zu werden, sehr groß wurde. Nun soll er für alles *die Verantwortung übernehmen*. Auch dies ist ein viel zu großes Wort; »die Konsequenzen tragen« wäre besser. Aber heutzutage hören wir ja auch bei Entführungen und Anschlägen immer, welche Organisation »die Verantwortung übernommen« habe, obwohl das ganz unverantwortliche Taten sind.

Bei anderen Wörtern mit ursprünglich zustimmender Bedeutung hat sich der Sinn auch für den hellhörigen Zeitgenossen schon fast ganz verflüchtigt. Bevor Eddie P. festgenommen wurde, hatte er ganz *unverhofft* einen Autounfall, bei dem der Wagen *regelrecht* aufgeschlitzt und *vollkommen* zertrümmert wurde. Er war *reif* für den Schrotthaufen. Auch die Mitfahrer, die sich *gehörig* verletzt hatten, waren *krankenhausreif*. Eddies Zustand war sogar *ziemlich* schlimm und *recht* gefährlich. Aber bei solchen Wörtern spürt nun wirklich kein vernünftiger Mensch mehr die Grundbedeutung.

Viel seltener ist es, daß eine häßliche Wendung es schafft, in guter Gesellschaft heimisch zu werden. Ich will die vier Beispiele, die ich kenne, in einem Satz zusammenfassen, der voller Anerkennung von einem jungen Schriftsteller berichtet: Er hat alle seine Leser angenehm enttäuscht. Das Publikum hat nur Lob für ihn übrig, und bei der Kritik stößt er auf lauter Wohlwollen. Unter Eingeweihten gilt er sogar als preisverdächtig.

Gegen fehlende Hüllen

Bekanntschaftsanzeige eines Chemiefabrikanten: »Welche Frau ist bereit, meinem einsamen Leben ein Ende zu machen?« Der grammatische Fehler, der sich hier verbirgt, ist sehr verbreitet, wirkt nur nicht immer so ergreifend irreführend. Dem einsamen Chemiker passierte übrigens das gleiche Malheur noch mal, als er in einer Werbeanzeige seinem Fleckenwasser nachrühmte, es löse alle verschmutzten Gewebe sofort auf. Kein Wunder, daß auch diese Worte ohne die erhoffte Wirkung blieben.

Um so fataler wirkte es, als unser alleinstehender Fabrikant die einzige Dame, die sich doch noch gemeldet hatte, aufsuchte und zum Abschied seufzte: »Ich bedaure den kurzen Besuch.« Wieder hatte er die entscheidende Aussage in ein Eigenschaftswort gelegt, wo sie nie hingehört. Nicht das einsame Leben, sondern die Einsamkeit hatte er beenden lassen wollen; nicht das Gewebe, sondern den Schmutz wollte er auflösen; und er bedauerte nicht seinen Besuch, sondern dessen Kürze.

Das mangelnde Sprachgefühl dieses Mannes erregt geradezu unser Mitleid (oder sollten wir sagen: sein Mangel an Sprachgefühl?). Er hat nämlich fast alle Gelegenheiten zum Mißverständnis innerhalb kurzer Zeit genutzt. Nur wenige andere Sätze aus der gleichen Serie sind ebenso schwebend unklar. So wenn es von einer jungen Dame heißt: »Ihre dürftigen Kenntnisse wurden ihr zum Verhängnis.« Wir wissen dann nicht, ob sie eine Mitverschwörerin ist (deren Mitwisserschaft sie ins Gefängnis brachte), oder ob sie als Studentin im Examen scheiterte. Wir sind auch im unklaren, was die Bundesbank will, wenn wir lesen: »Auch Bundesbank für begrenztes Konjunkturprogramm.« Ist sie nun für das Programm oder für seine Begrenzung? Der weitere Text machte es in diesem Falle deutlich, daß die Nachricht mal wieder im Eigenschaftswort steckte.

Nicht überall, wo diese Nachlässigkeit geschieht, stolpern wir, weil wir meist ahnen, was gemeint ist. »An der französischen Riviera schritt die Polizei gegen fehlende Hüllen ein«, heißt es, aber wir sehen vor uns, wie die Flics nicht wirklich gegen die Hüllen, sondern gegen ihr Fehlen einschreiten (und das heißt zu deutsch: gegen blanke Busen).

Weniger romantisch ist die Aufgabe der Polizei, wo sie gegen die »übertretene Höchstgeschwindigkeit« vorgeht. Tut sie es, so verdanken wir ihr »die erschwerte Raserei auf den Straßen«. Was verdanken wir der Polizei? Die Raserei? Na, Sie verstehen schon. Und wenn doch wieder gerast wird? Dann stellen wir gesitteten Fahrer »dringend notwendige Radarmessungen« fest, die es aber gerade nicht gab, weswegen ihre Notwendigkeit festzustellen wäre.

Nach der letzten Strafrechtsreform schrieb ein Jurist, der für harte Strafen eintritt: »Alle potentiellen Täter werden nun eine kleine Haftstrafe erhoffen.« Mir ist das neu, daß Täter Strafen erhoffen. Eine andere reife Leistung der Reformen ist es auch, daß ich nun »zu einer verringerten Steuerzahlung berechtigt« bin.

Mit diesen interessanten Ausführungen habe ich wohl auch den letzten verständnislosen Leser beseitigt. Sollten dennoch einige übriggeblieben sein, so murmeln sie jetzt gewiß im Chor: »Unser fehlendes Sprachgefühl ist deutlich sichtbar. Wir hoffen auf eine kleine Bestrafung.«

Die Befürworter wachsen

In Roland P. müsse man den künftigen deutschen Meister sehen, hieß es. Mancher wird sich gefragt haben, wo »in« Roland P. nun der Meister zu sehen ist. Aber die Fachleute der Sprache versichern uns, daß dies »in« ganz in Ordnung ist. In Ordnung ist auch der Nachruf: »Mit ihm haben wir einen guten Kollegen verloren.« Mit ihm? Wer ist denn noch gestorben? Niemand, man sagt es nur so. Aber man darf.

Dennoch erinnert das stark an die jüdische Geschichte von dem Grabstein, auf dem zu lesen war: »Hier ruht Samuel Kohn, ein guter Mensch, ein ehrlicher Kaufmann.« Ein Besucher des Friedhofs soll daraufhin gerufen haben: »Armer Sami, mit zwei wildfremde Leut' haben sie dich ins Grab gelegt ...«

Die wundersame Vermehrung der Personen gelingt uns auch, wenn wir zwei Tätigkeiten scheinbar nebeneinander ausüben. Sagt man doch: »Während sie glänzend Tennis spielt, leistet sie auf dem Klavier nicht allzuviel.« Nun ja, kein Wunder, wenn sie es gleichzeitig versucht. Diese Fähigkeit finden wir in allen Gesellschaftsschichten. »Butler möchte als Fahrer und zugleich als Gärtner arbeiten.« Lange kannte man diese Vielseitigkeit nur von Sachen, so zum Beispiel von dem Topf, dem eine alte Werbung nachrühmte: »Sie können ihn als Nachtgeschirr und zugleich als Vase benutzen.«

Bevor wir uns Dingen zuwenden, die noch weit trauriger sind, will ich nur erwähnen, daß es Leute gibt, die etwas gegen Sätze wie diesen haben: »Ich war tagelang erkrankt.« Nein, sagen diese Leute, erkranken heiße »krank werden« und nicht »krank sein«. So sei man auch nicht »seit Jahren erblindet«, wenn man in Wirklichkeit schon lange blind ist. Und der in aller Unschuld gemurmelte Satz »Unsere Großmutter ist schon jahrelang gestorben«, hieße, daß es sehr lange mit ihr gedauert hat. »Sie ist seit Jahren tot«, so wäre es besser gewesen.

Im Bochumer Uni-Center nehmen sich die meisten Studenten das Leben. Es stand im ›Stern‹, und die meisten oder doch wenigstens die halben ›Stern‹-Leser haben gemerkt, daß es besser geheißen hätte: »Nirgends nehmen sich mehr Studenten das Leben als im Bochumer Uni-Center.« (Und es waren auch nicht die halben Leser, sondern die Hälfte der Leser. Sie wußten es gleich, sag' ich doch.)

Das mit den »halben« und »ganzen« kann leicht zu Mißverständnissen führen. »Mein Zahnarzt hat mir die ganzen Zähne gezogen, und er sollte mir nur die halben ziehen.« Halbe Zähne müssen wirklich gezogen werden. Jenen Satz hatte ein Patient formuliert, der dann doch dankbar schrieb: »Sie haben mir neue Zähne eingesetzt, die zu meiner Zufriedenheit ausgefallen sind.«

Bekannt ist die aufregende Meldung: »In Belfast ist innerhalb einer Woche zum drittenmal ein junger Katholik erschossen worden.« So erschreckend diese Geschichte ist, es muß dafür eine Erklärung geben. Einen Hinweis darauf finden wir in Nachrufen, in denen es ja auch heißt »Der Verstorbene begann seine Ausbildung in Düsseldorf ...« Eben! Das Leben nach dem Tode.

Zum Schluß aber noch etwas Erfreuliches. Ich meine das Telegramm des Bundeswehrsoldaten aus dem Urlaub: »Rückreise verzögert, meine Frau kommt täglich nieder.« Die Antwort seiner Einheit lautete: »Urlaub verlängert, Verfahren patentieren lassen.«

Man sieht, die Humanität nimmt zu, und die Befürworter eines freundlichen Umgangs scheinen zu wachsen.

Diesbezüglich entsprechend

Praktischer Tip auf der Rückseite eines Abreißkalenders: »Hosen rutschen nicht von der Kleiderbügelstange, wenn man sie mit Klebeband umwickelt.« Das sollte man aber nicht zu wörtlich nehmen.

Schon in der Schule hat mir mein Lehrer den Satz ausgetrieben: »Als ihre Mutter starb, war sie noch ein Kind.« Da wisse man nicht, wer von beiden noch ein Kind war. Nun gut. Der Lehrer machte es vor, wie man sogar in schwierigen Sätzen Eindeutigkeit wahren könne. »Vor den König traten ein Bauer und ein Bürger, dieser war prächtig gekleidet, jener zerlumpt.« Wer war dieser, wer war jener? Ganz eindeutig. »Dieser« ist immer derjenige, der dem Wort »dieser« am nächsten steht. So einfach ist das.

Im Lateinischen, das uns in allem überlegen sei, soll es noch klarer gewesen sein, hieß es. Wir haben gelernt, wie man auch im Deutschen noch eindeutiger sein könne: »Letzterer war prächtig gekleidet, ersterer zerlumpt.« Ja, jener oben erwähnte, besagte, betreffende Lehrer war eben ein Mann mit hoher Bildung, welchselbiger mehr im Lateinischen als im Deutschen zu Hause war (obgleich doch dasselbe seine Muttersprache war) und daher ersteres dem letzteren vorzog; denn wenn auch dieses jenem an Modernität über-, so ist doch dieses jenem in der Genauigkeit unterlegen.

Heute stellt man jedoch die Genauigkeit leichter dadurch her, daß man einfache Sätze baut. Aber auch heute noch muß man sich entscheiden, ob man sagen will »Er besuchte Peter Bier und *seinen* Bruder« oder »Er besuchte Peter Bier und *dessen* Bruder«. Das ist ein Unterschied. Verzichten kann man jedoch immer auf Wörter wie »jener«, »letzterer« und »selbiger«, wenn man das Hauptwort wiederholt. »Der Empfänger des Schreibens hat sich offenbar erheblich über *dieses* geärgert« klingt weniger gut als »... über das Schreiben geärgert«.

Eine überflüssige Genauigkeit wird besonders mit drei Wörtern getrieben, mit: diesbezüglich, entsprechend und einschlägig. Die möchte ich Ihnen gern diesbezüglich entsprechend ausreden.

»Diesbezüglich« soll meist einen Bezug herstellen, der schon eindeutig ist. Oder haben sie diesbezüglich andere Erfahrungen gemacht? In allen diesbezüglichen Beispielsätzen schien mir das Wort entbehrlich, weswegen man diesbezüglich verzichten kann.

Noch häufiger ist »entsprechend«, und es ist fast immer überflüssig, behaupte ich. Da wird in einer Verlautbarung lang erklärt, daß es eine neue Art von Beihilfen gibt. Und dann heißt es: »Entsprechende Anträge können ab sofort gestellt werden.« Oder die Zeitung schreibt: »Die Regierung hat diesmal entsprechend vorgesorgt.« Sicherlich entsprechend!

Ähnlich ist es mit »einschlägig«. Empfohlen werden einschlägige Fachgeschäfte. Eigentlich unnötig. Das war Ihnen auch schon aufgefallen. Sie haben also einschlägige Erfahrungen. Oder fühlen Sie sich ertappt und jetzt diesbezüglich und entsprechend einschlägig von mir vorbestraft?

Jeder Zeitungsleser weiß, daß Sätze manchmal auch zu wenig eindeutig sind. »Das Parken auf dem Gehweg ist auch solch eine Unsitte. Statt sie durch ausreichende Parkplätze zu beseitigen, werden die Fußgänger dann noch behindert.« »In Dannenberg fuhr am Mittwochmorgen ein sogenannter Kalter Schlag in einen Akazienbaum und sprang auf den Wagen des Bierverlegers W. Hennig über, denselben am Hinterteil zersplitternd.«

Als Linker unverdächtig

»Als Kriegsbeschädigter läuft mein Wagen steuerfrei.« Dieser Satz ist nicht nur aus dem Leben gegriffen, er klingt auch so. Allerdings ist die Konstruktion etwas sonderbar. Sollte der Wagen kriegsbeschädigt sein? Wer läuft da als Kriegsbeschädigter? Wir müssen raten. Also Vorsicht bei Sätzen mit »als«. Ich erkläre Ihnen das mal. Wir fangen mit einfachen Beispielen an.

»Er lernte Klaus in Berlin als Trainer kennen.« Das ist mehrdeutig. Man weiß nämlich nicht, wer von beiden Trainer war. Unser Sprachgefühl bezieht die Als-Konstruktion mit Vorliebe aufs Subjekt. Dann hieße es »Er als Trainer« lernte Klaus kennen. Aber wir hören auch »Klaus als Trainer«, weil beide Wörter näher beieinander stehen. Ein anderes Beispiel. »Ich schätze ihn als Schauspieler besonders.« Sagte das ein Theaterfreund über einen Regisseur, der auch schauspielert? Nein, das sagte ein Schauspieler über seinen Hustensaft. Recht so. Oft ist die Mehrdeutigkeit nicht einmal störend. »Er hat die Häftlinge eher als Kumpel behandelt.« Über den Satz können wir nur stolpern, wenn er weitergeht mit »... und weniger als Aufseher.«

Wir kommen zum nächsten Problem (etwas für Fortgeschrittene). Aus einem Werbeschreiben: »Als Bezieher unserer Zeitschrift laden wir Sie ein ...« Das kann nach meiner Meinung nur heißen, daß die Zeitschriftenmacher ihre Zeitschrift auch selbst beziehen, was sie wohl nicht sagen wollten. Aus einem Vorwort: »Als Leser meines Buches stelle ich mir Kinder vor.« Empfinden Sie das auch als irreführend? Man hört doch zunächst »Als Leser meines Buches stelle ich ...« Und das klingt wie »Ich als Leser ...« Wir hören es so, weil wir die »Als«-Konstruktion immer auf das Subjekt des Satzes beziehen; wenn sie außerdem so nah am Subjekt steht, scheint die Beziehung sicher. Und schon sind wir reingefallen.

Noch ein Beispiel, diesmal von mir. »Als Sprachkritiker mit dem größten Einfluß halte ich ...« Nun, was werde ich wohl halten? Ja, »... halte ich Paul Negelein für ein Unglück.« Das hätten Sie nun nicht von mir gedacht. Sie dachten eben, als Deutschlehrer laufe mein Satz fehlerfrei.

Mehrdeutige Sätze werden auch von Fachleuten der Sprache gern untersucht. So hat es dieser zum Objekt der Wissenschaft gebracht: »Er will seine Laufbahn als Schuldirektor beschließen.« Ist der Mann Schuldirektor? Will er es nur so weit bringen? Und wenn er aufhören will, dann nur mit dem Schuldienst oder mit der Laufbahn überhaupt? Es bleibt offen. Und diese schwebende Offenheit ist oft das Schönste an der Sprache.

Zum Abschluß komme ich noch auf eine andere Art von Sätzen. Sie jonglieren ebenfalls mit einem »als«, tun es allerdings, um kurz zu sein. Mein schönstes Beispiel ist dies: »Norbert Blüm ist als Linker gewiß unverdächtig.« Ist er ein Linker? Oder ist er gerade nicht in dem Verdacht, ein Linker zu sein? Offen gestanden, ich selbst höre dabei heraus: »Blüm als Linker« sei unverdächtig. Aber heutzutage spricht man so, wenn man sagen will: »Er steht nicht in dem Verdacht, ein Linker zu sein.« Diese Umschreibung ist etwas länger, das muß ich zugeben, aber besser.

»Eva wandte sich von ihrer Familie als zu katholisch ab.« Ich hingegen möchte mich von diesem Sprachgebrauch als zu häßlich abwenden. Oder wenden Sie sich jetzt von mir als zu streng ab? Am Ende Sie als zu genervt von mir als zu streng? Bin ich denn nicht als Schulmeister unverdächtig? Nein, ich bin wohl veraltet. Das kann heute als Sprachfreund durchaus passieren – wie man so sagt.

Leicht erkältet

Zwei Männer sitzen in der Sonne. Sagt der eine: »Für mich gibt es nichts Schöneres als Fliegen.« Antwortet der andere: »Ich kann die Biester nicht leiden.« Solche Scherze kennen Sie auch, der Wortwitz lebt davon. Die Wirtin zum Herrn an der Haustür: »Fräulein Anke ist leider schon ausgezogen.« Darauf der Gast: »Das macht nichts, ich kenne sie gut.«

Es ist nun keineswegs so, daß nur Scherzbolde solche doppelsinnigen Sätze zu schätzen wüßten. Auch Sprachwissenschaftler suchen sie, um an ihnen Probleme des Satzbaus und der Eindeutigkeit zu studieren. »Mein Mann vermißt den Garten« – das kann auch die Frau eines Vermessungsingenieurs sagen. »Die Fahrer rasten eine Stunde« ist doppeldeutig, solange man es nur schreibt; spricht man es aus, so wird es klar. Umgekehrt sind einige Sätze nur geschrieben eindeutig, zum Beispiel »er kaufte sich werkzeug aus eisen und stahl«, ein Satz, den ich in kleinen Buchstaben schreiben muß, um Ihnen den Doppelsinn vorzuführen.

Mein eigentliches Thema auf diesen zwei Seiten ist aber ein Spezialfall unter den schillernden Sätzen. Ich meine diejenigen, bei denen nur das Adverb leicht changiert. »Im Pelzmantel fühlt man sich leicht wie eine Tonne«, sagte Frau Ohler und meinte, dies Gefühl stelle sich leicht ein, nicht aber, sie fühle sich so leicht wie eine Tonne. Wahrscheinlich konnte nur ich das mißverstehen. Über einen Mann hörte ich berichten: »Von seinen beiden Frauen hatte er gleich viele Kinder.« Es war bei ihm aber nicht schneller gegangen als bei anderen Vätern.

Noch ganz außer Atem stammelt ein junger Mann: »Mein Wagen wurde fast zu Schrott dabei.« Will man ihm gratulieren, weil das Mißgeschick nur »fast« passiert ist, so entgegnet er traurig, der Wagen sei tatsächlich fast Schrott. Die gleiche Wirkung können Sätze mit einem anderen einschränkenden Adverb haben: »Er hatte mich kaum verstanden, als er schon widersprach.«

Im Alltag ist die Gefahr von Mißverständnissen durch

Tonfall und Zusammenhang eingeschränkt. Aber jeder weiß, wie oft man sich dennoch mißversteht. »Das Geld ist sicher hinterlegt« kann als Vermutung gemeint sein und als beruhigende Feststellung verstanden werden. Und was halten wir von der Auskunft »sie ist leicht erkältet«? Dem Wörtchen »leicht« – Sie erinnern sich vielleicht – sind wir eben schon begegnet, in diesem Zusammenhang hier spielt es zwischen »häufig« und »gering«.

Der feinfühlige FDP-Vordenker Genscher könnte gesagt haben: »Wir schätzen die SPD, aber die CDU ist uns noch nützlicher.« Hätte er das gesagt, würden wir nie erfahren, ob »noch« als zeitliche Begrenzung oder im Sinne einer Steigerung gemeint ist. (Ich tippe bei Genscher auf die zeitlich einschränkende Bedeutung: Vorläufig ist ihm die CDU noch nützlicher.)

Der Ton macht die Musik – und manchmal macht der Ton auch erst den Sinn eines Satzes klar. Das gilt nicht nur von Ausrufen wie diesem: »Wir sprechen uns noch«, die entweder gesäuselt oder geschrien werden können. Das gilt auch von der Frage: »Wollen Sie etwa in einer Stunde zu mir kommen?«

Die Schrecken der Mehrdeutigkeit bekam auch die Werbefirma zu spüren, die einer Fluggesellschaft die Worte in den Mund legte: »Niemand hat mehr Erfahrung.« Ich höre förmlich, wie resigniert man diesen Satz stöhnen kann. Als dem Texter der Werbeagentur der Doppelsinn (viel zu spät) aufging, wie wird ihm da wohl zumute gewesen sein – oder vielmehr, wie wird ihm unwohl zumute gewesen sein.

Heimlich unheimlich gefreut

»Das kriegen Sie praktisch in jeder Buchhandlung«, pflegte ich zu antworten, wenn mich jemand netterweise fragte, ob denn mein ›Deutsch für Besserwisser‹ schon erschienen sei. Warum ich dabei dies »praktisch« einfließen ließ, weiß ich auch nicht. Wohl weil es dem Satz so etwas Abgewogenes gibt; es schränkt ihn ein und wirkt gerade deshalb so genau. Vor einiger Zeit betrat ich nun selbst eine Buchhandlung und fragte nach diesen komischen Deutschglossen, um zu sehen, wie sie sich denn verkaufen. »Theoretisch müßten wir noch ein Exemplar haben«, sagte die Buchhändlerin und ging ans Regal. Hier konnte man es also wohl nur theoretisch bekommen, während ich immer gedacht hatte, es sei praktisch überall zu haben.

Man kann eben ganz hintersinnig werden, wenn man anfängt, über die deutsche Sprache nachzudenken. »Ich höre gerade«, sagte die Buchhändlerin, »das Büchlein ist praktisch vergriffen.« – »Das kann kaum sein«, entgegnete ich, »theoretisch müßte es noch reichlich zu haben sein.« Aber was nützt alle Theorie. Es war eben praktisch so, daß man es allenfalls noch theoretisch bekam, oder theoretisch nur noch praktisch – oder praktisch nur noch theoretisch. In jedem Falle blieb das natürlich praktisch ziemlich unpraktisch für mich, wenn auch theoretisch nicht unerfreulich, wenn es nicht praktisch doch nur Theorie wäre.

Ja, die Sprache. Es scheint so, als hätten die Gegensätze Theorie und Praxis zueinandergefunden. Aber es scheint nur so. Sicherlich fließen die Worte »theoretisch« und »praktisch« in unserer Rede zusammen, denn beide schränken die Aussage ein. Aber auf verschiedene Weise. »Praktisch« tut das im Sinne von »ungefähr«, weil eben in der Praxis alle Theorie praktisch nur ungefähr stimmt. »Theoretisch« verwenden wir wie »wahrscheinlich«, weil die Theorie immer nur theoretisch auch in der Praxis wahr ist. Theorie und Praxis finden also gerade nicht zueinander, und deshalb können wir ihre Eigenschaftswörter beide fast gleich verwenden, nämlich einschränkend.

Einschränken können wir unsere Sätze auch durch die Wörter »grundsätzlich« und »prinzipiell«, die beide grundsätzlich (und prinzipiell) dasselbe bedeuten. Nur haben beide die wundersame Eigenschaft, wie ein Chamäleon die Farbe zu wechseln. Denken wir uns, die Buchhändlerin hätte zu mir gesagt: »So etwas führen wir grundsätzlich nicht!« Dann hätte sie dies Wort in dem Sinne von »keine Ausnahme!« verwendet. Und sie hätte es dann auf der zweiten Silbe betont, um es schneidender herauszubringen und mich um so mehr zu kränken.

Hätte sie aber lieb gelächelt und gesagt: »Grundsätzlich haben wir es«, so hätte sie mich zugleich auf die Ausnahme von der Regel vorbereitet, denn »grundsätzlich« kann auch heißen »nur grundsätzlich«. Diese milde Variante wird auch meist sanft auf der gedehnten ersten Silbe betont: »Grundsätzlich ...« In diesem zweiten, liberalen Sinn verwenden Juristen grundsätzlich »grundsätzlich«, während Laien bei »grundsätzlich« grundsätzlich glauben, es gebe keine Ausnahmen.

Ich hörte es aber noch viel lieber, wenn die Buchhändlerin mir strahlend antwortete: »Natürlich, fraglos, selbstverständlich, ja gewiß!« Dazu müßte ich jedoch wahrscheinlich viel Glück haben. Sogar wahrscheinlich unwahrscheinlich viel Glück. Aber ich würde mich auch heimlich unheimlich freuen.

Kompromißgriffe

Fraktions-Chef Dregger persönlich war angekündigt, und der Saal war voll. Ich fragte den Herrn neben mir: »Wann fängt's denn los?« Das ist ein Scherz, ein Kompromißgriff. Er greift zwischen die beiden Möglichkeiten »wann fängt es an« und »wann geht es los«. Mein Nachbar antwortete ganz ernst: »Ich glaube, es fängt jeden

Moment an«, womit auch er einen Kompromiß geschlossen hatte, und zwar zwischen »es kann jeden Moment anfangen« und »es fängt gleich an«. Eben, es kann ja nur in einem bestimmten Moment anfangen und nicht in jedem.

Nach einer Weile aber wurde auch er ungeduldig und sagte: »Es tut sich immer noch nichts.« Wir aber wissen, daß er wieder von zwei möglichen Wendungen (es regt sich nichts/es wird nichts getan) die dritte gewählt hatte.

»In aller Regel kommt Dregger ziemlich spät«, sagte ich hintersinnig und dachte daran, woraus dieser Lieblingsausdruck der Juristen entstanden ist (aus: in der Regel / nach aller Erfahrung). Der Herr neben mir wirkte bei dieser Aussicht ganz niedergeschlagen. »Dann steht ja noch einiger Ärger zu erwarten«, sagte er – und ich dachte mir mein Teil (Ärger steht bevor / ist zu erwarten).

Ein Spitzenpolitiker könne doch auch mit dem Flugzeug reisen, sagte er, oder komme das etwa zu teuer? (Ja, es wäre zu teuer / käme Herrn Dregger vielleicht teuer zu stehen.) »Und solch ein Aufwand tut doch auch nicht nötig«, entgegnete ich (ist nicht nötig / tut nicht not). »Dregger will eben auch beim Reisen auf Nummer Sicher gehen«, meinte der Herr neben mir (er will sichergehen / möchte alle Gangster auf Nummer Sicher wissen). Soll er.

Nun klang es dröhnend aus dem Lautsprecher, das örtliche Parteikomitee hoffe, die Verspätung werde bei uns auf Verständnis stoßen (Verständnis finden / nicht auf Widerstand stoßen). Dann endlich kam, auf dem Höhepunkt der Erwartung, Starredner Dregger persönlich. Er habe den Zeitpunkt, sagte mein Nachbar, gewiß nicht zufällig gewählt (ihn bewußt gewählt / das alles sei nicht zufällig so).

Der Redner mit dem Sheriff-Smiling wollte, wie er sagte, einige Themen nur kurz ansprechen (anschneiden / besprechen). Im übrigen sah er alles unter dem Gesichtswinkel des erneuten Wahlsieges (unter dem Blickwinkel / Gesichtspunkt). Bis dahin sei aber nur mehr wenig Zeit (nur noch wenig / nicht mehr viel). Deshalb müßten wir alle mit anpacken, das verstehe sich gleichsam am Rande (verstehe sich von selbst / sei am Rande vermerkt). Er beschwor uns: »Ich rechne auf Sie!« (und meinte doch: Ich rechne mit Ihnen / ich zähle auf Sie).

Mein Nachbar war empört und wollte gehen. »Da hört sich doch alles auf!« schrie er mir zu (da hört alles auf / das gehört sich nicht). Dann stampfte er aus dem Saal mit einem »Das verbiete ich mir!« und meinte doch entweder »das verbitte ich mir« oder »das verbiete ich Ihnen«. Da dachte ich mir: »Das kann ich auch nicht helfen.«

So entschloß auch ich mich fürs Gehen (Sie wissen schon, wie es richtig heißt). »Behalten Sie sich Ihren Optimismus«, sagte ich im Aufbruch zu den Zurückbleibenden. Ein junger Mann aber war sich seines Leitbildes am Rednerpult sicher. »Alles klar«, rief er mir zu, »oder wie sehe ich das?«

Wie ist das? Wie soll ich das sehen? Sagen Sie selbst. Und so was hört man doch tag für täglich.

5
Öffentliche Verführung

Kernkraft

Informations-Gruppe Kernenergie. Bonn. An unsere Mitglieder. Wir weisen Sie nochmals auf den richtigen Sprachgebrauch hin:

Das Wort *Entsorgungspark* hat sich noch immer nicht durchgesetzt für die in Gorleben geplante Anlage und Lagerstätte. »Park« läßt an Wiesen und Bäume denken, »Entsorgung« das Gefühl aufkommen, man könne sich aller Sorgen entledigen. Entsorgungspark Gorleben, das wäre werbewirksam. Allerdings sind auch *Wiederaufbereitung* oder *Anreicherung* positive Wörter, die die volkstümlichen Ausdrücke »Giftfabrik« und »Todeslager« verdrängen werden. Auch *Endlagerung* hat einen guten Klang, weil hier hörbar endgültig eine Lagerstätte bereitet wird, ohne daß allzu spürbar wird, wie lange dies Lager bewacht werden muß (etwa 200000 Jahre).

Sorgen macht uns noch das verbreitete Wort Atommüll, das dringend durch *Kern-Ablagerungen* oder *Kernaltstoffe* zu ersetzen ist. Das Wort »Atom« soll überhaupt verschwinden, weil es an Atombomben erinnert. Die deutsche Wortschöpfung *friedliche Nutzung der Kernenergie* zeigt den Weg. Vier wundervolle Wörter in einem wohlklingenden Akkord: Frieden, Nutzen, Kern, Energie.

Zu vermeiden sind auch: Radioaktivität, Gift, strahlendes Material etc. Wir sprechen vielmehr von *Brennmaterial* oder *Brennstäben*, was durchaus nach Brennholz klingen soll. Der *Brennstoffkreislauf* hat sich bewährt, weil er die Anschauung nährt, hier walte ein Kreislauf der Natur, während das Wort »Kettenreaktion« erkennen ließe, daß nichts mehr aufzuhalten ist.

Zu Recht spricht man von *Kernkraftwerken* (ebenfalls

eine gute Prägung), so daß wir den Meiler oder späteren Reaktor vergessen können. Der *Schnelle Brüter* klingt ebenfalls zu Recht vertrauenerweckend. Leider ist noch immer »Atomstrom« üblich, was dringend durch *Kernstrom* ersetzt werden sollte.

Von »Gefahren« darf nicht die Rede sein, aber von *Risiken*, von denen man offen sprechen sollte, damit keine Debatte über die Gefahren aufkommt. *Störfälle* ist ein besseres Wort für Unglücksfälle; auch von Katastrophen darf keinesfalls gesprochen werden, allenfalls vom E-Fall (dem Ernst-Fall), der den *Großnotstand* auslöst. Sind Personenschäden zu beklagen, so handelt es sich um *Energieopfer* (analog gebildet zu den Verkehrsopfern, die auch jedermann hinnimmt). Beachten Sie, daß wir unsere Gegner immer als »Demonstranten« bezeichnen, unsere Partner aber als *Bürger*, mit denen wir einen *Dialog* suchen durch unsere *Informationen*. Uns selbst verstehen wir als *Wissenschaftler*. (Bitte die Industrie und die Elektrizitätswirtschaft nicht erwähnen). Was wir machen, ist *Forschung*, nicht die Entwicklung von Industrieanlagen. Unsere Bundesmittel sind öffentliche *Investitionen*, aber keinesfalls Subventionen für die Privatwirtschaft.

Sprechen Sie bitte von der *Energielücke*, mit der Sie bildlich zeigen, daß uns ganz objektiv etwas fehlen wird, denn eine Lücke muß man schließen. Sagen Sie, daß der *Ausbau* der Kernenergie nötig ist (Ausbau klingt nach: Vorsprung ausbauen). Das ist ein *Sachzwang*, keine Entscheidung aus ökonomischen Interessen.

Nennen Sie die Kernkraft *umweltfreundlich*, es genügt nicht, sie »umweltneutral« zu nennen, was sie auch nicht ist. Und sagen Sie immer, wir gingen einer strahlenden Zukunft entgegen.

Wie man seine Politik verkauft

Liebe Freunde von der Opposition! Sie brauchen nicht zu resignieren. Gewiß beklagt sich die Regierung, Sie hätten im Parlament das Gesetz ausgehöhlt, Sie hätten es aufgeweicht und die entscheidenden Bestimmungen herausgebrochen. Dem müssen Sie aber nur Ihre eigene Sprache entgegensetzen.

Sie sagen eben, Sie hätten das Gesetz entschärfen müssen, Sie hätten ihm die Giftzähne gezogen und einige zu weit gehende Bestimmungen herausgenommen. Und schon ist die Öffentlichkeit wieder ganz auf Ihrer Seite, wetten?

Und wenn die Regierung von der eigenen Finanzpolitik behauptet, sie sei ausgewogen, sie komme allen zugute und die stützenden Maßnahmen leiteten den Aufschwung der Wirtschaft ein? Dann sagen Sie eben, diese Politik wolle es allen recht machen, sie gehe nach dem Gießkannen-Prinzip vor und schütte Subventionen in ein Faß ohne Boden. Damit haben Sie gewonnen.

Wenn die Regierung sich den Renten zuwendet, wird sie sich einer sozialpolitischen Flurbereinigung rühmen. Dadurch dürfen Sie sich aber nicht einschüchtern lassen. Sie nennen das einen ordnungspolitischen Kahlschlag. Sobald die Regierung behauptet, sie wolle verkrustete Strukturen aufbrechen, beklagen Sie, daß gewachsene Ordnungen zerstört werden sollten. Sie selbst loben als »bewährt«, was die anderen »veraltet« nennen, und Sie warnen vor einem Zerschneiden und Zerreißen, wo die Regierung eine Entflechtung und Neugliederung anstrebt. Genau.

Die Regierung wird auch behaupten, sie wolle nur überkommene Privilegien abbauen. Dann sagen Sie, das sei soziale Demontage, hier würden alte Rechte beschnitten.

Wenn die anderen davon reden, ihr Programm gestrafft zu haben, so nennen Sie es zusammengestrichen. Was die anderen als neue Konzeption verkaufen, ist für Sie das Scheitern der alten. Und damit gehen Sie zur Gegenforderung über.

Sie fordern eine kräftige Aufstockung der Mittel und

eine Abrundung des Programms. Natürlich behaupten die anderen dann, Sie wollten den Haushalt aufblähen und das Programm ausufern lassen. Mit dieser Behauptung wird Ihr Standpunkt allerdings arg verzeichnet, Sie müssen das sofort zurechtrücken und entzerren. Aufklärung gegen Panikmache. Was auf den Kopf gestellt worden ist, muß ins Lot gebracht werden. (Klingt überzeugend.) Gibt es in unserer Gesundheitspolitik etwa keine Relikte des Ständestaates? Wo das Regierungslager »unser gegliedertes Krankenkassensystem« mit seinen angeblich »abgestuften Leistungen« rühmt, da sehen Sie die »Erfüllung der Grundbedürfnisse einer sozialen Gesundheitspolitik« gefährdet. Wo andere die neue Elite fördern wollen, pochen Sie auf Chancengleichheit, auch wenn man Ihnen prompt Gleichmacherei vorwirft. Was die Regierung als Haushaltsicherung bezeichnet, nennen Sie Neuverschuldung, und was die Konservativen als Reform verkaufen, das ist für Sie der Ausverkauf. Denn während Sie einer politischen Neubesinnung geschickt den Boden bereiten, sieht man die anderen bei der Wühlarbeit.

Sosehr Sie beim politischen Gegner die Verhärtung des Standpunktes zu beklagen haben, Sie selbst sollten allen Aufweichungstendenzen widerstehen. Denn Sie bleiben ja konsequent, während die anderen einfach stur sind! Ja eben, Sie haben ein klares Konzept, die anderen aber leider eine feste Ideologie.

Kein Wunder, wenn Ihr eigener Wählerstamm erstaunlich stabil ist, während er bei den anderen seit langem stagniert.

Henry, das Sprachgenie

Verhandlungen sind eine Frage der richtigen Wortwahl. Das ist natürlich ein Ausspruch von Henry Kissinger, dem Genie unter den ehrlichen Maklern. Wie er das damals mit Arabern und Israelis geschafft hat, verriet er mir im Traum. »Wenn ich auf beide Seiten einrede, verlange ich nie Konzessionen, ich fordere im Gegenteil dazu auf, *zusätzliche* Vorstellungen zu entwickeln. Zweitens sage ich nie, jemand solle nachgeben, sondern schlage vor, man solle einen Schritt nach *vorn* tun. Und drittens spreche ich nie von einem Entgegenkommen, sondern davon, daß beide Seiten einen *gemeinsamen* Durchbruch erzielen müßten.«

Wenig später hatte ich Gelegenheit, Henry in Aktion zu erleben. Es war bei den Verhandlungen zwischen Russen und Chinesen. Wie Sie sich entsinnen, ging es um die Grenze am Amur. Henry hatte man zum Unparteiischen ernannt. Den Journalisten erklärte er nach einigen Wochen: »Wir machen zunächst eine Bestandsaufnahme. Es gibt Gemeinsamkeiten, die ausbaufähig scheinen. Beide Seiten verhalten sich sehr kooperativ und lassen positive Entwicklungen erkennen. Man hat zunächst vor allem gelernt, denke ich, die andere Seite besser zu verstehen.«

Henry war bester Laune. Nachher in der Maschine scherzte er mit uns Journalisten. »Die Standpunkte beider Seiten liegen so nahe beieinander wie ihre Grenztruppen. Sie sitzen in einem Boot – wie der gefesselte Kapitän und sein Seeräuber. Es gibt daher auch Gemeinsamkeiten, zum Beispiel in der Ansicht, daß sich der andere zurückzuziehen habe.«

Die Verhandlungen machten Fortschritte. Am Ende der ersten Runde erklärte uns Kissinger: »Es ist ein sehr freimütiger Dialog. Das Klima ist konstruktiv. Es ist beiden Seiten gelungen, neue Wege zu beschreiten, ohne daß man eigene Standpunkte aufzugeben brauchte. Ich sehe Licht am Ende des Tunnels. Ja, ich bin bedingt optimistisch.«

Das erläuterte uns Henry anschließend im kleineren Kreis. »Wir sind ein wirkliches Team, denke ich. Die Lage hat sich weitgehend normalisiert, wozu beide Seiten einen ausgewogenen Beitrag geleistet haben. Natürlich mußten wir zunächst einiges entzerren, und ein paar Fragen haben wir inzwischen aus dem Themenkatalog genommen. Aber im ganzen scheint mir ein vernünftiger Abschluß nun in greifbarer Nähe.«

Schließlich sickerte durch, man habe sich tatsächlich geeinigt. Henry erschien auf der lang ersehnten Pressekonferenz. »Nein«, sagte er, »ich würde nicht meinen, daß jemand nachgegeben hätte. Beide Seiten haben zusätzliche Vorstellungen entwickelt und einige Schritte in die richtige Richtung getan. Schließlich haben sie das gemeinsame Ziel erreicht. *Es gibt weder Sieger noch Besiegte.* Beide Seiten waren zum Erfolg verurteilt, und sie können, denke ich, einen großen Erfolg mit nach Hause nehmen. Mehr möchte ich jetzt nicht sagen.«

Erst auf dem Rückflug wurde Henry wie gewöhnlich gesprächiger. »Keiner der Partner hat das Gesicht verloren«, sagte er, »aber beide den Glauben an die Vernunft. Im übrigen ist das Ergebnis ausgeglichen. Mal gaben die Chinesen nach, mal setzten sich die Russen durch. Oder umgekehrt: Mal konnten die Russen einen Punkt verbuchen, mal zeigten die Chinesen Entgegenkommen.«

Er war glücklich und fragte, ob wir denn die heimlichen Sieger schon kennten. »Sind das nicht«, murmelte ich in die Stille hinein, »Ihre Schnacks und Formeln?«

Volltreffer!

Die Sprache unserer Draufgänger ist offensiv. Diese Leute planen ihr Vorgehen generalstabsmäßig, sie kämpfen mit allen Mitteln bis zum letzten Mann, sie setzen ihre Kräfte massiert, aber gezielt ein, sie nehmen den Gegner unter Dauerfeuer und verpassen ihm eine geballte Ladung. Sie selbst gehen in volle Deckung, fühlen sich bombensicher und sind in einer Bombenstimmung. Sie bringen die Truppe unter ihr Kommando und auf Vordermann, sie geben Rückendeckung und Flankenschutz, erzielen einen entscheidenden Durchbruch, bilden einen Brückenkopf und halten die Stellung. Die Moral ist gut, der Sieg gewiß, das Vorgehen unaufhaltsam. Ihre Lieblingswörter sind »zündend« und »vernichtend«.

Die deutsche Sprache hat so viele militärische Ausdrükke wie kaum eine andere aufgenommen. Wer diese Wendungen sorgsam meidet, darf als Blindgänger gelten, als Spätzünder allenfalls. Doch habe ich noch Hoffnung, daß diese Worte selbst einmal zum Rohrkrepierer werden oder nach hinten losgehen.

Auch unsere Parteipolitik wird als Krieg dargestellt, nicht nur im Wahlkampf. Da wird Stellung bezogen und Flagge gezeigt. Man hält Heerschau, geht gut gerüstet in den Kampf, die eigenen Reihen sind fest geschlossen, man ist zum Einsatz bereit. Eine überlegene Strategie bestimmt die Marschrichtung. Man geht zum Angriff über, erlebt seine Feuertaufe, macht Front, stößt auf Widerstand, hat sich aber bald auf sein Ziel eingeschossen und erzielt Geländegewinn. Auf verlorenem Posten greift man zur eisernen Ration. Hilfstruppen werden mobil gemacht, Entlastungsangriffe gestartet, und als Ablenkungsmanöver wird ein Pappkamerad aufgebaut. Man wird trotz einiger Rückzugsgefechte siegen, denn der Wahlkampf ist ja »flächendeckend« – wie ein Bombenteppich.

Da will die Wirtschaft nicht zurückstehen, vor allem nicht der Marktstratege mit seinen Feldzügen und Kampagnen. Verkaufskanonen haben bei Großoffensiven Bombenerfolge. Sie erobern den Markt, indem sie ihn mit Werbekolonnen kurzerhand aufrollen. Der Konkurrent versucht jedoch, seine Position zu verteidigen, seine Stützpunkte halten tatsächlich dem Ansturm stand. Er kann nun seinerseits eine neue Operationsbasis erobern und am Ende seine Stellung festigen. Sein neues Produkt hat sich nämlich als Geheimwaffe erwiesen. So schlägt er die Konkurrenz aus dem Felde und hält den Markt besetzt.

Vom Fußball ließe sich gar nicht berichten, wenn die Reporter nicht von Schlacht und Angriff, von Sturm und Schuß reden dürften. Da werden Mannschaften weggefegt, ausgeschaltet, dezimiert oder völlig aufgerieben. Aus allen Rohren werden Breitseiten auf das Tor gefeuert. Da riegelt man ab, verlegt den Rückzug und igelt sich ein. Da wird scharf geschossen und im Nahkampf der Gegner für kurze Zeit außer Gefecht gesetzt.

Man muß noch froh sein, daß es im Deutschen nicht

üblich ist, davon zu sprechen, man habe den anderen auffliegen oder hochgehen lassen, in die Luft gejagt, weggepustet oder ausbluten lassen, man habe ihn umgelegt, man habe ihn unschädlich gemacht oder habe ihn vernichtet. Das sagt man seltener. Nur daß man ihn »in der Luft zerrissen« und »am Boden zerstört« habe, das sagt man gern. Laßt Waffen sprechen.

Auf die deutsche Sprache hat das eine verheerende Wirkung gehabt. Jeder Ausdruck ein Volltreffer. Und das mit durchschlagendem Erfolg.

Ja, ja, die BRD!

Die Regierung greift kaum in unsere Sprache ein. Aber wenigstens *einen* Ausdruck hat sie den Beamten doch verboten, und das schon 1965: die Abkürzung BRD für die Bundesrepublik Deutschland. Vielen von uns war dies Verbot aus dem Herzen gesprochen.

Soll man unser schönes Land etwa BRD nennen dürfen? Be-Err-Deh? Das Wort läßt sich ja kaum anders als sächsisch aussprechen. Es klingt vielen noch so im Ohr, wie sie es zuerst gehört haben – aus dem Munde Walter Ulbrichts oder eines anderen regierenden Sachsen.

Nun denken Sie, liebe Leser, sicherlich, das Kürzel hätten »die da drüben« erfunden. Aber ist nicht. Leider. Wie verdienstvolle Wortforscher herausgefunden haben, sind die drei Buchstaben uralt (frühe fünfziger Jahre), und sie sind garantiert westdeutschen Ursprungs.

Es waren westdeutsche Bürokraten, Lexikonredakteure und Wissenschaftler, die BRD schrieben, wenn sie unser Land mit der SBZ verglichen. Die SBZ war damals, den Jüngeren sei's erklärt, die Sowjetische Besatzungszone, auch Mitteldeutschland genannt, Sowjetzone oder einfach: »die Zone«.

In den sechziger Jahren wurde es bei uns jedoch schick und galt als fortschrittlich, die Zone bei ihrem richtigen

Namen zu nennen: DDR. Die ließ sich ebenfalls nicht lumpen und wollte uns bald auch korrekt bezeichnen, eben mit den in Westdeutschland durchaus amtlichen Buchstaben. Wenn sich Ulbrichts Mund nun öffnete, fiel nicht mehr ein »Westdeutschland« heraus, sondern er krähte »die Bä-Ärr-Däh«. Damit waren die Buchstaben bei uns verteufelt.

Vollends in Verruf geriet das Kürzel dadurch, daß die Linken jener Aufbruchsjahre ebenfalls um die »Bundesrepublik Deutschland« einen Bogen machten und »BRD« sagten. Diese Linken, Aufsässiges im Sinn, berauschten sich auch noch daran, die Gleichberechtigung der beiden deutschen Staaten am Gleichklang ihrer Namen zu demonstrieren: BRD und DDR. Das war den Freunden des Vaterlandes zu viel.

Im Mai 1974 wurden die drei Buchstaben für den Dienstgebrauch erneut verboten. Seitdem ist jeder verdächtig, vaterlandslos zu sein, der sie noch im Munde führt. Ganz stramme Rechte verlangen von uns anderen, wir sollten immer »Deutschland« sagen. Gemäßigte begnügen sich mit »Bundesrepublik«. Korrekte wollen immer den ganzen Zungenbrecher genuschelt hören: »Bunsepik Deutschand«. Aber abkürzen darf man das Ungetüm nie.

Wie anders nämlich sollte man es abkürzen als mit den verbotenen Buchstaben? Das sportlich-internationale GER und das verkehrstechnische D geben sowenig eine Alternative wie das englische FRG oder das französische RFA. Das Verbot von »BRD« läßt uns also ratlos und eröffnet den Verdacht, wer doch noch BRD sagt, sage bestimmt auch Berufsverbote (statt Radikalenerlaß), Isolationsfolter (statt Kontaktsperre) und Profit (statt Gewinn).

Unsere politische Gesinnung wird noch deutlicher an der Bezeichnung, die wir für die westliche Hälfte Berlins wählen. Man hat die Auswahl zwischen (v.l.n.r.): Westberlin, West-Berlin, Berlin (West), Berlin oder das Freie Berlin. Ein wahres Panorama, sehr verwirrend.

Wer einmal in den Mauern dieser Stadt geweilt hat, weiß jedoch, daß die Stadtmauer dort zum Glück nur zwei politische Seiten hat. Von außen gesehen ist das der antifaschistische Schutzwall, von innen gesehen einfach die Schandmauer.

Meine lieben Mitbürger!

Würden wir in der Zeitung lesen »Bei einem Verkehrsunfall in der Nähe von Altenboitzen wurden drei Leute leicht verletzt«, so merkten wir gleich, daß an diesem Satz etwas nicht stimmen kann. Es werden nie Leute verletzt. Amtlich sind alle Menschen Personen, sie erleiden im Personenwagen einen Personenschaden. »Leute« klänge da zu leichtfüßig und privat. Aber auch von »Menschen« ist nicht die Rede, das wäre nun wieder zu warmherzig und daher fehl am Platz. In der guten alten Zeit sprach man allerdings sogar von »Seelen«, wenn man die Einwohnerzahl einer Stadt angeben wollte. Jetzt spricht man von Köpfen und manchmal sogar von Nasen. So ist das allmählich bergab gegangen, von den Seelen über die Köpfe zu den Nasen.

Gelegentlich ist auch heute noch von Menschen die Rede, vor allem wenn man um Mitleid für sie wirbt. »Wir müssen diesen Menschen helfen« – da denkt ein jeder gleich an Gebrechliche, an Strafentlassene und andere Opfer der Fürsorge.

Will man noch stärker an unsere Menschlichkeit appellieren, so spricht man von unseren »Brüdern und Schwestern«. So hat man zwei Jahrzehnte die Menschen in der Ostzone genannt, die heute die »anderen Deutschen« sind. Inzwischen werden uns die Menschen in der Dritten Welt gelegentlich als Brüder und Schwestern ans Herz gelegt. In der evangelischen Kirche ist dieser Ausdruck eine schöne, alte Anrede, die heute jedoch oft in die zweite Reihe gedrängt wird. Dann heißt es »sehr geehrte Damen und Herren, liebe Brüder und Schwestern«. (Man beachte, daß in der modernen Variante die Frauen zuerst genannt werden.)

Auch Politiker müssen genau überlegen, als was sie uns anreden. Für den Diktator Hitler waren wir immer Männer und Frauen, deutsche Männer und Frauen natürlich. Hätte er seinen begeisterten Zuhörern zugerufen »deutsche Damen und Herren«, so hätte das zu seiner Deutschtümelei nicht gepaßt. Aber »Volksgenossen!« traf genau den Ton. Der folgende Kanzler hingegen, Konrad Adenauer, sagte »liebe Landsleute«, worin er die besagten Brüder und Schwestern in der »Soffjettzone« mit einschloß.

Inzwischen sind wir aus Bonn »liebe Mitbürger« gewohnt, und es scheint uns recht zu sein. Allensbach hat es erfragt: Über die Hälfte der Bundesbürger möchte am liebsten Mitbürger sein, »Staatsbürger« wird noch geduldet, »Genossen« abgelehnt. Zu dem Wort »Mitbürger« greifen wir auch, um Minderheiten, wenn es heikel wird, schonend zu bezeichnen und sprechen von (unseren!) ausländischen, älteren oder jüdischen Mitbürgern.

Jedoch wird uns, denke ich, »Mitbürger« als Anrede wohl auch bald verdächtig werden, weil wir es immer von oben zu hören bekommen. Können wir doch auch das »liebe Mitarbeiter« des Firmenchefs nicht mehr hören und das »liebe Kollegen«, mit dem sich der Vorgesetzte immer so nett mit uns gemein machen will, auch nicht. Der Betriebsratsvorsitzende spricht uns deswegen gleich mit »liebe Freunde« an, und diese gutgemeinte Übertreibung blüht auch sonst überall: unter Geschäftsfreunden, Sportsfreunden und Parteifreunden. Wer sich da raushält, rechnet sich wohl zu den Unternehmerpersönlichkeiten oder zu den Persönlichkeiten des öffentlichen Lebens.

»Persönlichkeiten«, dieser Ausdruck hat etwas Exklusives, weil er sich nicht als Anrede abnutzen läßt. Also nichts für uns, liebe Leser. Wir bleiben Damen und Herren, Mitbürger und – hoffentlich – Menschen.

Ein besonders gehässiger Tadel heißt in Bonn und anderswo: »So blauäugig wie Sie darf man das aber nicht sehen!« Damit wird, denke ich, eine unserer besten germanischen Eigenschaften geschmäht – und das ausgerechnet von rechts, immer von rechts nach links. Strauß wirft der CDU Blauäugigkeit vor, die CDU ihrerseits dem Oppositionsführer Vogel, der seinen Kritikern, die den Jungsozialisten und die wiederum, das ist noch nicht belegt, den Fundis bei den Grünen. Denn als blauäugig gilt, wer vertrauensselig ist, und das sind immer die Linken.

Nicht vertrauensselig, vertrauens*würdig* waren bis vor kurzem die wasserblauen Augen der Germanen. Welch ein Wandel! Die Blauäugigen galten bisher auch keineswegs als Träumer, sondern als besonders lebenstüchtig, wie schon Tonio Kröger wußte, den Thomas Mann seufzen läßt: »Wer so blaue Augen hätte wie du!« Gemeint ist der übertüchtige Blondschopf Hans Hansen. Aber das ist längst vorbei.

Wer heute blauäugig ist, der sieht wohl immer ins Blaue, der fährt ins Blaue und phantasiert das Blaue vom Himmel herunter. Mit der gleichen Logik könnte man übrigens auch behaupten, wer blind sei, sei auch unsichtbar, eine Vorstellung, die sich bei Kindern findet und bei den alten Römern, bei denen »caecus« sowohl blind wie auch unsichtbar hieß. Aber heute, ich bitte Sie!

Daß »blauäugig« heute so abwertend verwendet wird, kann ich mir nur durch den Gleichklang mit einem anderen Wort erklären, das abgefärbt haben könnte: gutgläubig. Blauäugig und gutgläubig, das wuchs zusammen, und vielleicht haben andere Wörter mit einem ä noch Pate gestanden wie: einfältig, verträumt und Traumtänzer.

Ein anderer Vorwurf, der ebenfalls immer nach links weitergegeben wird, ist der der Einäugigkeit. Wer »auf einem Auge blind« ist (gemeint ist immer das linke), der nimmt die Gefahr nur einseitig wahr. Früher hätte man von Scheuklappen gesprochen, aber heute spricht man diesen Leuten zugleich auch das perspektivische Sehen ab. Die Optik muß eben stimmen, rein optisch gesehen jedenfalls, denk ich mir.

Noch gefährlicher ist es in Bonn jedoch, zu viel zu sehen. Einen Realisten (und wer wollte das nicht sein?) erkennt man daran, daß er wenig sieht. »Das sehe ich noch nicht«, sagt man deshalb und macht einen Strich durch alle Illusionen mit Worten wie »Also, Lafontaine sehe ich noch nicht als Bundeskanzler«. Viele sehen auch keine Alternative (jedenfalls nicht zur herrschenden Koalition in Bonn). Und wenn einer schon mal was sieht, dann fällt er rein (»Der sah sich schon als Sieger«). Nein, so nicht.

Sehen heißt spinnen. Will man sich dennoch seiner guten Augen rühmen, so nennt man seine Politik vorausschauend und spricht sich selbst eine Perspektive zu. Man blickt nach vorn, aber man ist keineswegs weitsichtig (Weitsichtigkeit ist auch ein Augenfehler), sowenig man kurzsichtig ist. Man ist allenfalls weitblickend. Neue Entwicklungen, die man schließlich auch irgendwie optisch wahrnehmen muß, die »erkennt« man rechtzeitig. Besser noch: Man hat ein Gespür dafür oder eine Nase. Aber was nicht ist, das sieht man nicht: »Für die nächsten zwei Jahre sehe ich keinen Rückgang der Arbeitslosigkeit.« Wir sind ein Volk von Sehern geworden, die allerdings nur negative Bescheide ausgeben, damit sie als Realisten anerkannt bleiben.

Und wenn man in Bonn schon etwas sieht, dann bitte nicht mit blauen Augen. Verzeihlicher wäre es da schon, man sähe alles durch die gute alte rosa Brille. Oder – wie seh' ich das?

Die Werbefritzen haben mich leicht in ihrem Garn, vor allem, wenn sie an meinen Geiz appellieren. »Wir tauschen Ihren alten um«, da denke ich für Augenblicke, ich kriegte den ersehnten Farbfernseher im Tauschverfahren. (Und das soll ich auch denken.) Wenn ich lese »Wählen Sie unter fünf Modellen« oder »Fragen Sie nach dem neuen ...«, dann vergesse ich, daß ich auch bezahlen müßte. (Und ans Geld wollte man mich auch wirklich nicht erinnern.)

In der Herrenabteilung nähert sich mir der Verkäufer mit einer schönen Lüge: »Was möchten Sie *anlegen?«* fragt er. Das ist Balsam für mein Gewissen, denn das Ausgeben fällt mir schwer. Nun erscheint der Anzugkauf als Kapitalanlage, und diese Idee beruhigt mich. In der Anzeige hatte ich gelesen: Nur 298,–. Dies »nur« (nur!) und die gemein krumme Zahl wirken bei mir unfehlbar. Hier zugreifen heißt eben bares Geld sparen. Aber wenn ich gar keinen neuen Anzug brauche? Kann ich wirklich nur sparen, indem ich kaufe? Die Werbung betrügt mich wohl genau da, wo ich betrogen sein will.

Weniger leicht falle ich auf das Wortgeklingel herein, das die Werbeleute schon so lange verbreiten, auf diese Häufung von: rein, frisch, jung, modern, neu, echt, ideal und unübertroffen. Auch die Original-Luxus-Spezial-Marken-Spitzenprodukte und die Sprüche mit Forschung und Fortschritt, Erfolg und Erfahrung sind nicht mein Fall. Die Werbeabteilung eines Nobelautomobils dröhnt: »Die sachliche und elegante Linienführung dieser Limousine der Sonderklasse ist das Ergebnis eines konsequent ...« So'n Quatsch! Zum Glück haben sich die Werbeleute auch anderen Schnickschnack abgewöhnt wie: formstabil, magenfreundlich, platinveredelt oder hüpfgesund. Immer frischwärts, bis es hochkommt? Nein, alles von gestern.

Die Unwahrheit tritt heute schlichter auf, sogar richtig nett. Zigaretten bieten einfach Lebensfreude, ihr Qualm schmeckt nach Abenteuer. Aus dem Radio säuselt es:

»Hipp denkt an vielbeschäftigte Mütter ...« Daran kann man sehen, wie heute ein Produkt angepriesen wird: indem uns Gefühle angeboten werden. Abenteuer aus weißen Stengeln! Und eine Gewissensberuhigung für eilige Mütter, die auf Fertigkost zurückgreifen.

Es ist ein alter Werbe-Grundsatz: »Wir müssen von Mode sprechen, nicht von Kleidern. Von Liebe, nicht von Schmuck.« Man bietet uns Ansehen durch ein neues Auto (»Haben, was andere nicht haben«), Freiheit durch einen Außenbordmotor (»Weg vom Alltag mit einem Johnson«), Elitegefühl durch Lederwaren (»Eine der exclusivsten Marken der Welt«), Gesundheit durch Aufstrich (»Nutella – voll köstlicher Gesundheit«) und selbst ewige Werte (»Ein Diamant ist unvergänglich«).

König Kunde ist ein blinder Greis, der zu regieren meint, während man ihm in die Taschen greift. Aber man behandelt ihn heute besser. Früher nämlich hörte er Befehle (»Trink Coca-Cola«), während die Werbung heute als freundlicher Ratgeber auftritt (»Mach mal Pause«). Sanft sprechen die Verkaufsstrategen zu uns durch die Maske eines Kunden (» ... also, mir schmeckt sie!«) oder noch raffinierter: »Ich trinke Jägermeister, weil ...« wobei wir glauben sollen, dies Gesöff bringe uns gleich in die sympathische Blödelstimmung, in der sich uns die Schlückchentrinker vorstellen.

In klares Deutsch übersetzt heißt Werbung immer: »Im Kaufen liegt das Glück – und alles Glück ist käuflich«. Aber wer will schon die Übersetzung hören. Werden wir doch genau so eingeseift, wie wir es gern haben.

Der Teufel im Detail

Balthasar Butzenegger beugte sich über die Korrekturfahnen seines Buches ›Große Klöster des Mittelalters‹ und war entsetzt, was der Druckfehlerteufel angerichtet hatte. Er las:

»Die Mönche von Altamonte betrieben die Verelendung der Landwirtschaft, obwohl das Kloster steinreich war. Dank ihres furchtbaren Wirkens arbeiteten sie mit der Bevölkerung einträglich zusammen und waren bekannt für ihre launische Art, vor allem wenn sie ein Volksfest verunstalteten. Kam es dennoch zu Spannungen, so arrangierten sie sich mit den Mächtigen, versuchten zu intrigieren und die Anführer der Bauern zu stürzen.

Bei ihren Einkünften war ihnen jeder große oder kleine Betrug recht, und genauso skrupellos waren sie bei der Verschwendung der Gelder. Mußten sie sich auch bei der Seelsorge einschränken, so war es doch ihr scheinheiliger Wunsch, daß am allerwenigsten das geistliche Gehalt darunter zu leiden hatte, weswegen sie ständig geschäftlich um ihre Gläubiger bemüht waren, denen sie immer wieder den neuen Bund kündigten.

In der Fastenzeit sah man täglich zahnlose weißgekreidete Mönche protestieren, eine große, uninformierte Gemeinschaft, eine unchristliche, verkommene Gemeinde. Sie waren überzeugt, daß man nach großer Völlerei streben muß; und auch beim Bier galt die Regel: immer die Maß voll! Sie enthielten sich der fleischigen Genüsse, um so deutlicher hörte man bei den Huren ihr brünstiges Flehen. So war jeder überzeugt, ihre Befolgung der Mönchsregeln sei nicht nur zu lässig, sondern sie seien auch recht mäßige Erben ihres mäßig heiligen Gründers.«

Balthasar Butzenegger holte seinen eigenen alten Text hervor und verbesserte 34 Druckfehler, bis zu lesen war, wie es richtig hieß:

»Die Mönche von Altamonte betrieben die Veredelung der Landwirtschaft, obwohl das Klosterland steinreich war. Dank ihres fruchtbaren Wirkens arbeiteten sie mit der Bevölkerung einträchtig zusammen und waren bekannt für ihre launige Art, vor allem wenn sie ein Volksfest veranstalteten. Kam es dennoch zu Spannungen, so engagierten sie sich mächtig, versuchten zu integrieren und die Anführer der Bauern zu stützen.

Bei ihren Einkünften war ihnen jeder Betrag recht, und genauso skrupulös waren sie bei der Verwendung der Gelder. Mußten sie sich auch bei der Seelsorge einschränken, so war es doch ihr einhelliger Wunsch, daß am allerwenigsten der geistige Gehalt darunter zu leiden hatte, weswegen sie ständig geschäftig um ihre Gläubigen bemüht waren, denen sie immer wieder den neuen Bund verkündeten.

In der Fastenzeit sah man täglich zahllose weißgekleidete Mönche prozessieren, eine große uniformierte Gemeinschaft, eine urchristliche, vollkommene Gemeinde. Sie waren überzeugt, daß man nach großer Völlerei sterben muß; und auch beim Bier galt die Regel: immer maßvoll! Sie enthielten sich der fleischlichen Genüsse, um so deutlicher hörte man bei den Horen ihr inbrünstiges Flehen. So war jeder überzeugt, ihre Befolgung der Mönchsregeln sei nicht nur zulässig, sondern sie seien auch rechtmäßige Erben ihres heiligmäßigen Gründers.«

Balthasar Butzenegger betrachtete sein Werk wohlgefällig, hatte er damit doch einen Teufel besiegt, und sogar einen antiklerikalen.

»Darf ich das Kleid im Schaufenster anprobieren?« fragte die junge Dame. Der Verkäufer meinte errötend: »Sie dürfen aber auch die Kabine benutzen.« Die beiden waren Opfer jener Freiheiten geworden, die uns die deutsche Sprache einräumt. Wir dürfen die Wörter im Satz fast so stellen, wie wir wollen; darum wissen wir nicht, ob »im Schaufenster« zu »Kleid« gehört oder zu »anprobieren«. Vorsicht ist geboten.

»Manchmal, wenn ich müde von der Mühe des Packens und des Verhandelns mit allen möglichen Frauen zu Bett ging...« Diesen Satz zitierte Hans Reimann zur Abschreckung. Worauf bezieht sich »mit allen möglichen Frauen«? Ich habe da nur eine Vermutung.

Da sich auch unsere Journalisten die Nebensätze immer mehr abgewöhnen und statt dessen den einzigen Hauptsatz vollstopfen, finden sich immer öfter Wortgruppen, die herrenlos umherirren. »Die SPD möchte die anonyme Spendenflut zugunsten der CDU stoppen«, eine Überschrift, die der SPD mehr Feindesliebe nachzusagen scheint, als glaubhaft ist.

»Arabische Jugendliche rennen in Nablus vor bewaffneten Israelis in einem gepanzerten Wagen davon.« Das war zum Glück nur die Unterschrift zu einem Bild, das die notwendige Eindeutigkeit wiederherstellte. Die Jugendlichen rannten nicht »in einem gepanzerten Wagen davon«.

Aber ich frage Sie: Muß man nicht gelegentlich die Verletzung der Pflicht zur Eindeutigkeit in einem Artikel beklagen? (Wohin die Wörter »in einem Artikel« gehören, behalte ich für mich.)

»Der nigerianische Präsident hat am Dienstag sechs Monate nach seiner Machtergreifung in einem unblutigen Putsch die Bildung von sieben weiteren Bundesstaaten angekündigt.« Wir sind solche gestopften Satzwürste schon so gewohnt, daß wir sie meist sogar richtig verstehen. »Ist diese Meldung von dpa inzwischen bestätigt worden?« fragt der Nachrichtenredakteur, und niemand weiß, ob von dpa die Meldung stammt oder die Bestätigung erwartet wird.

Der Sprachgebrauch hat eben früher unvorstellbare Freiheiten geschaffen (in diesem Satz schwimmt ein »früher« orientierungslos herum). Damit auf Dauer unerträgliche Mißverständnisse vermieden werden, greift man am besten zu Nebensätzen. Sie hätten auch in diesem Satz Ordnung geschaffen, der vom Hannoverschen Altstadtfest berichtet: »Während Mike Gehrke auf einer Pressekonferenz den friedlichen Charakter des Festes mit unheimlich wenigen Schlägereien lobte, gab es vor den Augen der Journalisten eine Prügelei.« Ja, wenn der auch mit Schlägen lobt! Ich muß jedoch zugeben: Kürzer als die Fassung, die ich vorschlagen würde, ist dieser Satz bestimmt.

W. E. Süskind zitierte einen unsterblichen Satz über einen hohen Beamten: »Alle Häftlinge, die unter seiner Leitung aus Strafanstalten ausbrachen, wurden wieder gefaßt.« Man sieht, auch ein Nebensatz rettet nicht immer die Eindeutigkeit, hier hätten es wenigstens zwei sein müssen. Hans Reimann hat uns überliefert, wie sich ein Kritiker darüber beklagte, »daß ein Dirigent mit die Blechinstrumente anfeuernden Fäusten den Sänger zum bloßen Mundöffner degradierte«.

Zur Not reicht es, Wörter im Satz umzustellen, um Erfolg zu haben. Emil Waas zitiert einen Soldaten, der bestraft wurde, »weil er die Kaserne verließ, um einen Hering ohne Halsbinde zu kaufen«.

Claudia wird heißgeliebt

Beide wollten miteinander bekannt werden, aber sie wußten, es durfte keinesfalls bekanntwerden. Nun endlich konnten sie sich kennenlernen und – vielleicht lieben lernen. (Der ›Duden‹ sagt uns immer genau, was man getrennt und was zusammenschreibt) »Sie kommen aber recht zeitig!« rief sie, und er entgegnete: »Nein, rechtzeitig! Und außerdem hat Ihr Fenster, offen gestanden, so einladend offengestanden.«

Drinnen sagte Claudia etwas verlegen: »Wir könnten uns zusammen setzen, was nicht heißt, daß wir uns zusammensetzen müßten. Nein, Sie sollten ruhig da bleiben, wenn Sie dableiben möchten. Denn wenn Sie sich gehenlassen, muß ich Sie leider gehen lassen.« Der junge Mann fühlte sich abgewiesen und mußte sich noch mehr anhören. »Sie halten mich sicher für leichtfertig, aber mit kleinen Versuchungen werde ich leicht fertig. Wissen Sie, auch ein Torwart kann seinen Kasten nur sauberhalten, wenn er die Bälle sauber hält. Ein Mädchen wie ich wird leicht fallen, wenn ihm alle Gunstbeweise leichtfallen.«

»Ach bitte«, sagte der junge Mann, »könnten Sie mir nicht den Unterschied zwischen ›nebeneinander liegen‹ und ›nebeneinanderliegen‹ zeigen?« Claudia willigte ein, der Grammatik zuliebe. Wenn beide Wörter stark betont würden, schreibe man sie getrennt, aber die Regeln seien im einzelnen verwirrend, sagte sie und zeigte es ihm. »Halt, halt«, bremste er sie, »wenn ich alles fertig bekomme, werde ich selbst nichts mehr fertigbekommen.« Also ließ sie ihm Zeit. Da sagte er: »Ich habe das nie schlecht gemacht, ich werde nur manchmal schlechtgemacht. Aber Sie habe ich schon lange heiß geliebt.«

»Und jetzt haben Sie mich richtig heißgeliebt, so daß ich mich kühlen muß«, sagte sie und griff nach jenem Schnaps, der von sich sagt, er werde »Heißgeliebt und kalt getrunken«, weil die Werbeleute den ›Duden‹ nicht kennen. »Dieser heißgeliebte Schnaps«, sagte Claudia, »wird eigentlich heiß geliebt und kalt getrunken. Aber ich selbst fühle mich jetzt heißgeliebt«.

Sie mochte ihren Besucher und hätte ihn gern an sich festgebunden, wäre er nur nicht schon fest gebunden gewesen. »Ich möchte Sie mir wenigstens warmhalten«, sagte sie, und er entgegnete: »Ein gutes Gericht soll man nicht lange warm halten. Wissen Sie, ist eine Verbindung zwischen Menschen erst rechtmäßig, so wird sie bald recht mäßig. Und doch gestehe auch ich, daß ich bei Ihnen gern ein und aus gehen würde.«

»Mit oder ohne Bindestrich?« fragte sie, und er sagte:

»Der ›Duden‹ schreibt es ohne, damit Sie nicht denken, ich wolle bei Ihnen eingehen.« – »Ich will mich nur noch frischmachen und das Bett frisch machen«, sagte Claudia, »dann können wir auch spazierengehen und anschließend essen gehen.« – »Es fällt mir schwerer«, seufzte er, »eine Dame freizuhalten als eine Rede frei zu halten. Und überhaupt essen! Wenn wir so weitermachen, müssen Sie noch alle Kleider weiter machen.« – »Sie haben wohl schon manche Dame sitzenlassen?« fragte sie leise. »Ja«, sagte er, »in der Straßenbahn habe ich die Damen immer sitzen lassen.«

Er verabschiedete sich. »Sehen wir uns nicht, so werden wir aneinander denken; sehen wir uns aber, so werden wir leicht aneinandergeraten. Deswegen weiß ich nicht, ob ich so bald wieder komme. Aber sobald ich wiederkomme, wird es sein wie heute, heißgeliebte Claudia.«

Er leiht sein Ohr

Als er noch ein kleiner Politiker war, kam er zu jeder Versammlung, dann für alle Posten in Frage und schließlich zu seinem Amt. Früher nahm er viel Rücksicht und brachte sich ins Gespräch, jetzt nimmt er sich viel Zeit und bringt seine Gegner zum Schweigen. So verschafft man sich erst Gehör und dann eine Position. Damals hat er noch Ideen durchgesetzt, jetzt sitzt er nur noch Sessel durch.

Früher lieh er sich einen Frack, heute leiht er Bittstellern sein Ohr und seinen Gedanken immer überzeugenden Ausdruck. Während er als junger Aufsteiger damit beschäftigt war, Vorwürfe und seinen Lebensunterhalt zu bestreiten, bestreitet er heute meist das Festprogramm. Deswegen sagen seine Kritiker, das einzige, was er seit seiner Ernennung geleistet habe, sei sein Amtseid.

Die deutsche Sprache macht solche Wortspiele möglich, weil sie so viele zusammengesetzte Wendungen kennt, die alle der gehobenen Sprache der vornehmen

Leute angehören. Im Deutschen ruft man in den Wald, zu Spenden auf und seine Verdienste in Erinnerung. Wie auch in der Politik, so liegt bei diesen Wendungen das Erhabene und das Lächerliche nahe beieinander.

So ein Präsident und Staatsmann ist der Sprache nach sportlicher, als man denkt. Er übt auch jeden Tag; als junger Mann übte er meist Verzicht, jetzt übt er Nachsicht oder Vergeltung. Er tritt (in Erscheinung oder in Beratungen ein), er schlägt (eine Lösung vor und, was er nicht weiß, im Lexikon nach), er stellt sich der Presse und dabei Behauptungen auf.

Er setzt so manches in Bewegung, und er läßt auch setzen, sich selbst etwa ins Bild. Er trägt Rechnung und Verantwortung, läßt aber auch manches an sich herantragen, zum Beispiel Bitten und Anregungen. Noch sportlicher wird er, wenn er geht (eine Verpflichtung ein) oder sogar läuft (vor allem Gefahr). Kein Wunder, daß er auch legt (Wert auf und Widerspruch ein) und stellt, nämlich Forderungen. Wenn es um Entscheidungen geht, so müssen sie von ihm persönlich gefällt werden wie Baumstämme. Entschlüsse hingegen müssen gefaßt werden wie lang gesuchte Verbrecher.

Die gehobenen Tätigkeiten des Präsidenten, die auch sprachlich durchaus als gewählt zu bezeichnen sind, steigern sich sogar vom sportlichen zum militärischen Geschehen, wenn es ganz ernst wird. Stößt so ein Mann auf Widerstand, dann wirft er ganz überraschend neue Fragen auf und seinen Gegnern ihre Fehler vor. Nützt das alles nichts, so sieht er sich gezwungen zu ziehen, zwar nicht den Säbel, aber doch weitere Schritte in Erwägung. Nie hingegen zieht er die Konsequenzen, allenfalls sich eine Verletzung zu, woraufhin er einen berühmten Arzt hinzu- und sich vielleicht einer Operation unterzieht. Ist er genesen, so läßt er keine Pause oder gar Stille eintreten, sondern tritt selbst erneut in die Auseinandersetzungen ein, zielt lange und erzielt auch tatsächlich Fortschritte, nachdem er merkwürdigerweise vorher getroffen hatte, nämlich Anstalten und Vorbereitungen.

Er gibt Ausdruck, schenkt Beachtung, gewährt Einblicke, erläßt Schulden und Verfügungen. Aber er nimmt auch (Anteil), gewinnt (Einsichten), bezieht (Stellung), eignet sich an (Kenntnisse) und gelangt (zu Überzeugungen).

Diese hohen Herren setzen sich in Verbindung, sitzen in Konferenzen, liegen im Streit und stehen im Verdacht. Manchmal brechen sie auch auf und schreiten zur Tat. Und wenn sie gehen, die hohen Herren, dann in Pension.

Die liebe Tote ... Beileid

Wer *Anna* oder *Otto* heißt, war schon in der Schule stolz darauf, daß sein Name auch rückwärts gleich lautet. Andere Wörter mit vier Buchstaben, die das gleiche Kunststück zulassen, sind: die *Elle*, die *Egge*, die *Esse* und die *Ebbe*.

Auch Wörter, die zwei Buchstaben mehr haben, können sehr elegant von hinten gelesen werden. Fast alle, die es gibt, lassen sich in nur einen Satz fassen. Er handelt von der Tante, die *Sannas netten Neffen Retter nennen* wollte. Da fehlt nur noch der *Renner*, den wir nicht unterbringen konnten.

Doch wenn Sie mich fragen, ich finde die Wörter mit ungerader Zahl der Buchstaben noch überraschender. Nehmen wir die Wörter mit drei Buchstaben zuerst. Sie ergeben zusammen einigen Tiefsinn, zum Beispiel die Frage des Scheidungsrichters: *»Oho, Ehe nun tot?* Und der Zoodirektor kombiniert: *»Uhu tat rar, aha!«*

Bei Wörtern mit ungerader Zahl der Buchstaben tritt der mittlere nur einmal auf. Das läuft besonders bei fünf Buchstaben ganz mühelos. Sie kennen vielleicht auch den Lord, der mit der *neuen Madam stets reger* flirtete. Vor allem bei *Regen* und *Nebel*, versteht sich.

Damit habe ich zum ersten Mal Wörter genannt, die von hinten gelesen ein anderes Wort ergeben als von vorn. Dazu gehören *Regen/Neger, Leben/Nebel, Lager/Regal* und *Rettig/Gitter.* Alles, was sich rückwärts lesen läßt, nennt man ein Palindrom (griechisch: rückläufig). Die längsten Palindrome haben sieben Buchstaben, es sind *Rentner* und *netzten.*

Wenn man allerdings auch zusammengesetzte Wörter gelten läßt, so ergeben sich noch längere Palindrome wie *Lagerregal* und *Regallager.* Wir können auch gut nachempfinden, wie trostlos ein *Negerleben* im *Nebelregen* sein muß. Und wir bewundern das *Reittier* mit der leichtfüßigen *Trabart,* das uns den ganzen *Marktkram* nach Hause trägt. Das Wunderwort unter den langen ist wohl der *Reliefpfeiler.* Gefunden hat ihn der Philosoph Arthur Schopenhauer (1788–1860), von dem auch das bekannteste aller Palindrome stammt – ein ganzer Satz. Wir kennen ihn alle: *Ein Neger mit Gazelle zagt im Regen nie.*

Der Erfolg dieses Satzes hat andere Tüftler nicht ruhen lassen. Es gibt inzwischen wenigstens zwanzig andere solche Sätze; die meisten hat der Schriftsteller Hans Reimann (1889–1969) zusammengetragen. Nach einem Schauerroman der Ritterromantik klingt: *Rettig grub Marie Meir am Burggitter.* Und was fragte Bergsteiger Messner seinen Kameraden Habeler, als sich beide zum ersten Mal trafen? Er fragte: *Leben Sie mit im Eisnebel?*

Die altmodische Ella tritt in diesen Sätzen häufig auf, weil sie sich gut verarbeiten läßt. So begegnen wir der schroffen Person in dem Satz: *Ella rüffelte Detlef für alle.* Und weil Ella so böse ist, muß man Tim vor ihr warnen mit den Worten: *Ehetum mit Ella nennen alle, Tim, Mutehe.* Raten aber können wir Tim zu Elisabeth und sagen daher: *Bei Liese sei lieb.*

Wer (wie ich) einer guten Gudrun verbunden ist, sollte täglich schwören *Nur du Gudrun!* Und was macht Renate, wenn sie keinen Deutschen findet? *Renate bittet Tibetaner.* Dankbare Kinder erinnern sich ihres Vaters (jiddisch: Tate) mit den bewegten Worten: *Tates Sorgengrab barg 'ne grosse Tat.* Und wenn Tantchen gestorben ist, so finden Sie das passende Telegramm in der Überschrift.

Wenn Sie aber jemanden in sehr weißen Beinkleidern sehen, sagen Sie wie nebenbei: *Leg in eine so helle Hose nie 'n Igel!*

Kennen Sie Josef Bumba?

Bei Thomas Mann kommt eine fromme Dame vor, sie heißt Fräulein *Himmelsbürger;* einem Materialisten hat er den Namen *Grobleben* verpaßt; und ein Mann, der die Tiefen des Elends erlebt, heißt bei ihm *Ferdinand Wehsal.* So ist das in Romanen. Martin Walser erwähnt eine Krankenschwester: Sie ist dürr, fad und blond, mitten im Gesicht herrscht ein Bleizahn. Wie sie heißt? *Schwester Agathe* natürlich.

Der Wissenschaftler Gerhard Eis meint, in Kriminalromanen sei das Spiel mit den Namen noch ausgeprägter. *Erika Halden* heißt die elegante Kundin, die bezaubernde *Conny Lassen* wird von einem Millionär begleitet, und *Hubert Kersten* ist ein feiner Herr. Da können im gleichen Roman Inspektor *Heise* und Kommissar *Braschke* nicht mithalten. Denn vornehm klingen vor allem Namen auf -en. Sie sind deshalb auch als Pseudonym beliebt: *Felix Salten* (Siegmund Salzmann), *Theo Lingen* (Theo Schmitz) oder *Maximilian Harden* (Maximilian Felix Ernst Witkowski). Kann *Mathias Walden* da echt sein? Nein, der Mann heißt eigentlich Otto von Sass.

Wir sind eben namengläubig. Nur darum trauen wir *Rosalia Stück* einen Giftmord zu und halten *Elisabeth von Schönau* für lieblich und unnahbar, noch bevor wir sie kennen. Die Zeitgenossen *Bismarcks* bewunderten das Markige seines Namens und hörten im Namen des Dichters *Seume* ein Seufzen und Säuseln.

Gerhard Eis hat sich zu vorgegebenen Namen passende Berufe ausgedacht und getestet, ob andere die Berufe auch so zuordnen würden. *Rudolf Hippius, Walter Findeisen, Arthur Winkler von Hermaden* und *Josef Bumba.* Wer ist wohl Oberkirchenrat, wer Generalkonsul, wer Straßenbahnschaffner und wer Heimatdichter? Raten Sie es?

Ein anderer Forscher hat den Namen *Josef Bumba* ebenfalls getestet. Die Leute stellen sich darunter einen kleinen, kräftigen Arbeiter vor, laut, aber vertrauenerweckend. Den gleichen Versuchspersonen wurde auch der Name *Ulli Schöps* vorgelegt. Das sei ein drolliger, pausbäckiger Springinsfeld, war die Antwort.

In einem anderen Test waren zehn beliebig herausgesuchte Namen auf zehn militärische Dienstgrade zu verteilen. *Langohr* und *Bächle* klangen gemütlich und wurden als Schütze und Gefreiter angesehen. Dagegen schien *Barck* zum Obersten und *Wittek* zum General zu passen – weil sie so zackig klingen. Diplomaten hingegen müssen lange, seltene Namen haben. Ein Test zeigte, daß man *Friedrich Mayer-Brückenau* eher für einen Diplomaten hält als *Erich Mayer*, sogar *Anton Schmaltz* eher als *Anton Schmalz*.

Wenn wir so festgelegt sind auf unsere Vorstellungen, könnte es da nicht sein, daß wir werden, was unsere Namen versprechen? So wundert es mich nicht, daß *Matthias Zeitvogel* Antiquitätenhändler ist und *Hans-Josef Horchem* für den Verfassungsschutz arbeitet. Auch die drei Väter der Tiefenpsychologie haben beziehungsreiche Namen, wie C. G. Jung notierte: »Herr *Freud* vertritt das Lustprinzip, Herr *Adler* den Willen zur Macht, Herr *Jung* die Idee der Wiedergeburt.«

Schon vorher waren dem Psychiater Wilhelm Steckel einige Patienten aufgefallen: Herr *Sicher* litt an ewigem Zweifel, während Herr *Pismann* und Herr *Schenkelbach* das Wasser nicht halten konnten. Ein Patient, der sich nur im Walde und auch da nur nachts ganz wohl fühlte, hieß *Wolf*. Übrigens – ich heiße Hirsch.

Und wie heißen Sie?

Sie Tintenpisser!

Werter Herr! Ich weiß gar nicht, warum Sie mich ständig einen Lümmel nennen. Es gibt doch für Flegel meines Alters auch noch andere Ausdrücke: Trampel, Bengel, Trottel, Rüpel, Schnösel, Stiesel, Simpel oder Tölpel. Zu Ihrer Weiterbildung darf ich Ihnen eine Mitgliedschaft in der amerikanischen Gesellschaft MALEDICTA empfehlen. Deren Präsident, Reinhold Aman, 51, ist der bedeutendste Schimpfwort-Experte der Welt (331 South Greenfield Avenue, Waukesha, Wis. 53186, USA). Er stammt aus dem bayrischen Straubing und war in Milwaukee Professor für Mittelhochdeutsch. Er *war* es.

Wenn sie mich fragen, warum er es nicht mehr ist, so muß ich Ihnen allerdings gestehen, daß sein Interesse an Schimpfwörtern (aus über 200 Sprachen) ihm doch etwas im Wege stand. Er wurde nämlich von seinen Kollegen gefeuert, weil er mit ihnen sehr offen redete (»Jede Beleidigung, wenn's sein muß«). Als ihn sein Dekan entließ, warf ihm Aman Ausdrücke an den Kopf, die er sechs Sprachen entnahm. Das Zahmste war noch (auf englisch): »Wenn ich Sie sehe, schlafen mir sogar die Füße ein!«

Der ehemalige Professor und jetzige Präsident von eigenen Gnaden hat ein bayrisch-österreichisches Schimpfwörterbuch veröffentlicht (Goldmann-Taschenbuch, 8 Mark 80), worin er uns versichert, Schimpfen sei nützlich (»Ein richtig gewähltes Schimpfwort hat die gleiche Wirkung wie ein Schlag mit der Faust«).

Wir Deutschen, so weiß der Präsident, sind daran interessiert, andere dreckig erscheinen zu lassen: Drecksau, Schmutzfink, Brunzer, Rotzbub, Sabbelgreis, Scheißer, Arschloch! Da merkt man doch gleich, daß uns nichts über die eigene Reinlichkeit geht. Schon im 15. Jahrhundert schimpfte man bei uns: übelriechender Harnkrug, stinkender Eimer!

Die Amerikaner bevorzugen sexuelle Spezialitäten (motherfucker, cocksucker); die Ungarn gotteslästerliche Flüche; Länder mit Ahnenkult die Schändung der toten Verwandten; und die Hindus greifen zu einem Wort wie »Schwager!« (Ätsch, ich habe mit deiner Schwester geschlafen.) Immer ran an die Tabus. Jeder verrät, scheint mir, beim Schimpfen, was er von sich selbst hält. Ein feiner Herr zischt: »Flegel!« Alter Adel sagt: »Pack!« Das gehobene Bürgertum hält auf sich, indem es »Prolet!« ruft. Gestandene Männer sagen: »Himbeerbubi« oder »Hosenbrummer!« Und ganze Kerle schreien: »Weichmann, Memme!« Wem jedes Abenteuer versagt ist, greift zu: Playboy und Flittchen! Können wir noch vor dem Spiegel bestehen, so nennen wir andere: Freßsack, Glatzkopf, Triefauge, Bohnenstange oder halbe Portion. Haben wir es zu etwas gebracht, so sehen wir in anderen: Hippies und Versager. Fühlen wir uns aber als die Krone des Proletariats, so wählen wir zwischen Blutsauger, Ausbeuter und Leuteschinder.

Sie können aber auch, um nichts zu riskieren, weitgehend unbekannte Wörter nehmen (Sybarit! Sykophant!) oder harmlose (Sie Pädagoge! Sie Ehrenbürger!). Machen Sie es doch wie Onkel Herbert Wehner, der »Sie Herrenreiter!« zu Karl Carstens sagte.

Aber bitte nicht immerzu Lümmel. Einen Journalisten wie mich können sie doch vielfältig treffen: Federheld, Humoritz, Kodderschnauze, Schaumschläger, Tintenpisser, Kritikaster oder Skribent! Empfehlen kann ich Ihnen auch: Sie Hirsch!

Merke: »Schimpfwörter, die mit kaltem Hohn vorgebracht werden, sind sehr schmerzhaft« (Reinhold Aman).

Intelligentere Leute wie Sie

Ohlsen, das Ekel unseres Tennisklubs, weist ständig darauf hin, daß er in seinem früheren Verein »nicht weniger als dreimal Clubmeister gewesen« sei. Niemand glaubt ihm das, aber keiner hat es so elegant bestritten wie Amtenbrink mit den Worten, Ohlsen sei »nichts weniger als dreimal Clubmeister« gewesen. Irgendwann wurde Ohlsen bei dem »nichts« statt »nicht« doch mißtrauisch, aber viel zu spät wurde ihm klar, daß »nichts weniger als« ja heißt »alles, nur nicht das«.

Alle freuen sich, wenn es dem Ekel Ohlsen einmal jemand besorgt. Darum meinte Amtenbrink einmal vor Publikum zu ihm: »Sie spielen aber selten gut.« Ohlsen, der glaubte, das heiße »so gut, wie es in der Geschichte des Vereins selten ist«, freute sich zu früh. Dann dämmerte es auch ihm, daß er wohl an dem Tage selten gut und meist schlecht gespielt hatte.

Abends wollte er darum von Amtenbrink wissen, wie er denn die Bemerkung gemeint habe. Da antwortete der nur: »Das verstehen intelligentere Leute wie Sie doch sofort.« Ohlsen fiel gleich voll darauf rein, war beleidigt und verbesserte auch noch in »intelligentere Leute als Sie«. Aber darauf hatte der ironische Amtenbrink nur gewartet. »Ich meine doch: intelligentere Leute, wie Sie einer sind«, murmelte er mit Unschuldsmiene. Der reingefallene Ohlsen fragte nun etwas zu bissig, ob sich Amtenbrink denn zu den Meisterschaften gemeldet habe. »Das überlasse ich den wirklich guten Spielern und Ihnen«, erwiderte Amtenbrink. Ohlsen war stolz, bis er merkte, daß sein Gegenspieler wohl einen feinen Unterschied gemacht hatte zwischen den wirklich guten Spielern »und« Ohlsen.

Ohlsen wurde unser Sportwart und organisierte sein erstes großes Turnier, bei dem wahrlich die Spreu vom Weizen getrennt wurde. Da hörte Ohlsen so im Vorbeigehen den bösen Amtenbrink sagen: »Ohlsen gehört zu Recht zum Ausschuß.« Bevor er explodieren konnte, fiel ihm aber ein, daß er zum Turnier-Ausschuß gehörte. Also beruhigte er sich, zumal das Turnier gut klappte.

Amtenbrink gratulierte ihm deswegen auch: »Es war Ihre Aufgabe, alles zu überblicken, und Sie haben nichts übersehen.« Bis dahin hatte Ohlsen geglaubt, er habe immer den ganzen Spielverlauf übersehen, sollte er wirklich »nichts übersehen« haben? Aber Amtenbrink erläuterte das: man habe ja im Deutschen gerade dann die Übersicht, wenn man nichts übersieht.

»Sie haben alles überblickt, bis auf die Seniorenturniere«, meinte Amtenbrink, dieser gewiefte Verwirrer. Aber das kannte Ohlsen schon von ihm und deutete es selber: »Ja, alles bis hin zur letzten Randerscheinung.«

Leider hatte Amtenbrink noch Gelegenheit, abends bei der Feier eine kleine Ansprache zu halten. Besonders Ohlsen, sagte er, habe »nicht zum mindesten einen Anteil am Gelingen«. Das war den meisten Zuhörern peinlich. Darum sagte es Amtenbrink lieber noch mal: Es bestehe nicht im mindesten Anlaß daran zu zweifeln, daß Herr Ohlsen nicht zum mindesten Anteil am Erfolg habe, der nicht zum kleinsten Teil sein Verdienst sei.

Alle waren dafür, daß Amtenbrink sich setzen solle, ich übrigens auch. Gewiß teilen Sie, verehrte Leser, meine Meinung. Wir wären also mal wieder nicht geteilter Meinung. Nein, Sie teilen ja meine Meinung. Eben.

7
Unsereiner redet

Gewissermaßen

Sie gehören doch nicht zu den Ängstlichen – oder? Hängeschultern, scheue Blicke nach rechts und links, zu leise Stimme? Nein? Dann sollten Sie auch von Füllstoffen wie »gewissermaßen« oder »irgendwie« die Finger lassen. Diese Wörter sind irgendwie bei den Psychologen gewissermaßen in Verdacht geraten. Bedrohlich für Ihr Ansehen, verehrte Leser, wäre es aber erst, wenn das Rinnsal Ihrer Worte allzuoft versickerte zu einem »... oder so«. Das wäre geradezu image-tötend, oder so.

Im übrigen wäre gegen Ihre Gewohnheit, harmlose Wörter zur Abschwächung einzuflechten, dann wenig vorzubringen, wenn Sie immer schön dabei abwechselten. Zu schwierig? Das gelingt Ihnen gleich, nur Kopf hoch. »In gewissem Sinne« bietet sich statt des dauernden »gewissermaßen« an; auch »in gewisser Hinsicht« wäre schon ein Fortschritt und gegebenenfalls etwas Neues.

Gewohnheitsmäßige Zauderer kommen leider auch von »sozusagen« nicht los, mit dem sie alles ein wenig einschränken, was sie doch auszusprechen nicht umhin können. Man setzt die peinlichen Wörter eben sozusagen in Gänsefüßchen. Versuchen Sie es doch statt dessen mal mit »gleichsam«. Es ist gleichsam nicht weniger geeignet, Ihre Nachdenklichkeit und Bescheidenheit hörbar zu machen. Bei einem Vorstellungsgespräch in Ihrer künftigen Firma läßt sich sogar das Ohr des Betriebspsychologen täuschen, wenn Sie wenigstens nicht immerzu das gleiche Signal Ihrer feinsinnigen Zurückhaltung hissen.

Ich sehe schon, wie Ihr Blick sich festigt, wie sich die Schultern heben und Ihre Durchsetzungsfähigkeit spürbar steigt. Ich sage ja: die Wortwahl. Nur weiter so! Selbst das Gegen-Gutachten des Betriebs-Graphologen kann Ihnen nichts mehr anhaben, wenn Sie sich nun noch vornehmen, ein bißchen seltener von »ein bißchen«, »vielleicht« und »möglicherweise« Gebrauch zu machen. Das könnte sonst weniger dynamisch wirken, als es zu Ihrer Gesamterscheinung paßt.

Jetzt stehen wir eben schon ganz anders da. Ja, ich weiß nicht, aber wir sollten uns nun beinahe doch, wenn Sie so wollen, einmal den Kurs für Fortgeschrittene ansehen: »Wie wirke ich entschlußfreudig? Lektion 2«.

Diese Fortsetzung unserer Übung überredet Sie, neben den abschwächenden Füllwörtern (die wir eben hatten) auch die einschränkenden stärker zu meiden. Eigentlich und im Grunde genommen mögen Sie diese Zeichen Ihrer Ich-Schwäche ja auch nicht. Vor allem nicht das ewige »eigentlich« und »im Grunde genommen«. Und doch sind uns diese Wörter so verlockend, weil sie bei unserem Gegenüber den Anschein erwecken sollen, wir erfaßten das Eigentliche und blickten auf den Grund der Dinge. Damit wollen wir uns gegen den Widerspruch unseres Gesprächspartners wappnen.

Normalerweise gelingt es uns aber schon deswegen nicht, ihn zu täuschen, weil er sich schließlich und endlich diese Füllstoffe im wesentlichen auch nur mühsam abgewöhnt hat und unsere vorgetäuschte Nachdenklichkeit letzten Endes als Hilflosigkeit durchschaut.

Bis zum Gehtnichtmehr

»So was von schlechtem Deutsch«, sagten Sie eben, gnädige Frau, aber sehen Sie mal, die Formulierung bestätigt sich doch geradezu selbst, ist sie doch selber »... so was von schlechtem Deutsch!« Bitte lassen Sie mich eine Warnung aussprechen. Man beginne nie mit »so was von ...« Es kann nämlich gar nicht gelingen. Dabei dürfen einige

Konstruktionen noch als passabel bezeichnet werden wie der Schreckensruf »so was von Kitsch« oder auch ein dankbares »so was von Gastfreundschaft«.

Noch schlimmer nämlich wird es, geht es statt mit einem Hauptwort mit einem Eigenschaftswort weiter: »So was von unmöglich!«

Selbst ein lobendes »so was von komisch« dürfte Ihnen, gnädige Frau, nur in unkontrollierten Augenblicken entschlüpfen. Und auch dann müßte ich sagen: »So was von Ihnen!«

»Das gehört verboten« ist eine andere Formulierung, die sich auf geheimnisvolle Weise selbst bestätigt, denn auch sie gehört verboten. Gut, gnädige Frau, das haben Sie gar nicht gesagt. Gebe ich zu. Aber ich bin gerade dabei, alle gefährlichen Fehlkonstruktionen aufzuzählen, vor deren Fangarmen man sich hüten soll. Vorsicht bei »gehört«! »Wer über 30 ist, gehört aufgehängt«, das lasse ich mir noch gefallen, weil es so linkisch formuliert ist.

Als Dame kann man auch sagen: »Das Knie gehört *sich* nicht, aber auch Ihnen nicht, mein Herr, sondern mir!« Sie können auch ausrufen: »Das Streicheln gehört sich nicht«, aber Sie sollten nicht sagen »das Streicheln gehört verboten« (obwohl es wirklich verboten aussieht). Da hört sich alles auf. Vor allem das gute Deutsch. Das »gehört« hat hier nichts verloren. Wenn es Ihnen nicht gehört, muß es ein anderer verloren haben. Es gehört nicht hierher.

Nun sagen Sie bitte nicht, daß auch Sie Ihre Schulkenntnisse »alles andere als vergessen« hätten. Denn auch diese Redewendung würde zu denen gehören, die sich selbst widerlegen. Zugegeben, ich bin alles andere als ein Liberaler und finde das meiste, was ich höre, alles andere als komisch. Aber gerade darum kann ich dies »alles andere als« nur alles andere als empfehlen. Man sollte es allenfalls vor Eigenschaftswörtern oder Hauptwörtern verwenden, aber nicht vor einem Tätigkeitswort. Bitte, alles andere! Nur das nicht. Alle anderen, nur Sie nicht, gnädige Frau. (Sie doch nicht.)

Warum ich das sage, wollen Sie wissen? Ein gutes Stichwort. Hüten Sie sich vor Sätzen, die mit »warum«

beginnen, denn die Hälfte von ihnen läuft schief. Wie dieser: »Warum ich für gutes Deutsch eintrete, ist folgendes.« Wieder ein Satz, der sich selbst illustriert. »Warum« eröffnet immer einen direkten Fragesatz oder einen indirekten wie hier: »Warum ich für gutes Deutsch eintreten soll, weiß ich nicht.« (Sehr gut.)

Sie, gnädige Frau, wissen es längst, und nie wird man von Ihnen hören: »Warum ich das sage, hat einen guten Grund.« Nein, Sie sagen immer: »Daß ich das sage, hat einen guten Grund.«

Das haben Sie von mir schon werweißwieoft gehört? Gewiß, aber kommen Sie nicht auf die Idee, »werweißwieoft« auch zu schreiben. Wir hören es ja mündlich schon bis zum Gehtnichtmehr. Und das tut doch wirklich – da sind wir uns schon wieder ganz einig –, das tut doch wirklich nicht nötig. (O mei, der was immer mit seinem Deutsch! Der ist ja so was von sich überzeugt! Pfui Deibel.)

Is was?

»Was ist das noch mal?« fragte mich meine Tochter Laura eben, und mir fiel auf, daß sie ihre Frage mit diesem »noch mal« abschloß. Nicht ungeschickt, denn kürzer konnte sie kaum ausdrücken, daß sie zum zweitenmal dasselbe fragte. Sprachwissenschaftler würden das eine Ellipse nennen, eine Auslassung. Vollständig hieße der Satz nämlich: »Sagst du mir noch mal, was das ist?« Wie viel umständlicher als das übliche »Was ist das noch mal?« So sprechen wir alle.

»Vater, weißt du noch der Mann gestern?« ist ein anderes Beispiel für die alltägliche Kurzsprache. Langatmig hieße es: »Weißt du noch, wie der Mann gestern an der Wohnungstür stand?« Aber dieses schlichte »gestern« am Schluß sagt doch alles. Was in der Sprache nicht mißverständlich ist, muß erlaubt sein.

»Oliver war wieder an meinen Autos und klar, ohne zu fragen.« Dies Verhalten von Oliver kennt man also, das wird mit diesem »klar« ausgedrückt. »... und es ist bei ihm klar, daß er das ohne zu fragen getan hat.« Wie gestelzt! So richtig familiär und erfrischend sind doch nur Kurzmitteilungen wie »Mutter ist eben raus« oder das empörte »immer ich!«, das die Eltern ins Bild und ins Unrecht setzt.

Sind die Kinder schon etwas größer, so beherrschen sie auch die eher giftigen Kurzformen. »Von wegen!« protestiert der streitbare Jüngling gegen seine Eltern und hat damit notwendigerweise das letzte Wort. »Is was?« Damit kann man Menschen, die man bereits gekränkt hat, noch mehr reizen. Die schlagende Wirkung liegt in der Kürze, denn auf so kurze Bemerkungen kann man nicht seinerseits wieder antworten. Will der lebhafte Knabe seinen Dickkopf noch bekräftigen, so ruft er: »Und ob!« Noch härter wird es allerdings, wenn er diese unangreifbare Kürze noch in die Frageform kleidet: »Na und?« Das ist so ziemlich das Hochmütigste, was man seinem Gegenüber ins Gesicht husten kann.

Woher die jungen Leute das nur haben? Vielleicht sind sie etwas wortkarg erzogen worden. »Wirst du wohl« ist bei Eltern seit je allzu beliebt. »Ausruhen ist nicht!« – na klar. »Wird's bald!« ist noch kürzer. »Mach schon« wäre fast schon zu liebevoll, während »wehe« als beinahe stumme Drohung gelten kann.

Auch Sätze, die mit »wenn« beginnen, haben nicht immer Aussicht, auch beendet zu werden. Das gilt vom warnenden Wenn (Wenn du das noch mal sagst ...) und vom ermahnenden (Wenn das alle machen würden ...) wie vom wünschenden Wenn (Wenn doch die Kinder schon im Bett wären ...). Gute und schöne Sätze sind das. Deswegen kommen sie in allen Kreisen vor.

»Ich bitte Sie ...« sagt der Herr von Welt, auch wenn ich ihn gerade selbst um etwas gebeten habe. Bitte ich ihn noch mal, so sagt er: »Alles was recht ist ...« Blicke ich dennoch trotzig, so weist er mich höflich zurecht: »Und überhaupt ... Sie immer mit Ihren Wünschen.« Ich schleudere ihm ein »So nicht!« entgegen, aber es nützt nichts. »Haben Sie was?« erkundigt er sich mit gespieltem Mitleid, während ich schlucke und vorbringe: »Ich und eingeschnappt. Daß ich nicht lache!« Aber ich weiß, wie wenig überzeugend das klingt. Leider.

Beim Hinausgehen denke ich mir: »Das war ja wohl nichts.« Dabei hatte ich das mal klären wollen und alles ... (Seufz!) Darum tröste ich mich mit den vielsagenden Worten: »Na ja, was soll's?«

Weil, es geht doch!

»Trotzdem, man tut es.« Das ist ein hochmoderner Satz, so spricht man heute. Zwar, die alte Grammatik erlaubte es nicht. Dennoch, wir haben uns alle daran gewöhnt. An unserem Mustersatz ist uns Sprachfreunden zunächst auffällig, daß schon nach dem ersten Wort ein Komma steht. Dies setzen wir, weil wir das »trotzdem« als einen eigenen Satz empfinden, der Widerspruch ankündigt und dann den Hauptsatz einleitet: »Man tut es.« Dieser Rest-Satz hat dann die uns am meisten vertraute Wortfolge: Subjekt – Prädikat – Objekt.

Nach alter Vorschrift hätte unser Satz lauten müssen: »Trotzdem tut man es.« Steht nämlich ein Adverb am Anfang, so muß die uns vertraute Wortfolge vertauscht werden zu »tut man es«. Aber gerade das tut man heute nicht mehr. (Eine andere Möglichkeit war schon immer, das »trotzdem« in den Satz hineinzunehmen, wodurch sich die vertraute Wortstellung erhalten läßt: »Man tut es trotzdem.«)

Tatsächlich, so kompliziert war das früher. Freilich, man hatte dadurch schöne Variationsmöglichkeiten. Indes, unsere Vorliebe für die Stellung des Adverbs am Anfang, verbunden mit der (dann eigentlich verbotenen) vertrauten Wortfolge, ist stärker. Und sicher, das ist kein Unglück.

Dennoch, diese Vereinfachung hat sich nicht überall

durchgesetzt. Nur bei Adverbien, die einen Widerspruch ankündigen (trotzdem, zwar, dennoch, freilich) oder ein Ergebnis einleiten (tatsächlich, sicher) lieben wir diesen Satzanfang und fahren doch mit der vertrauten (und hier nicht erlaubten) Wortfolge fort. Bei anderen Adverbien ginge uns das noch gegen den Strich. Ich nenne dafür drei Beispiele: »Gelegentlich sie braucht noch Hilfe.« – »Wahrscheinlich er kommt gar nicht.« – »So der Koffer wird zu schwer.«

Das waren Hauptsätze. Noch konsequenter vereinfachen wir einige Relativsätze. Es gibt Leute, die vermeiden hier jede Umstellung der Wörter. (Nach der alten Regel müßte es heißen: Die hier jede Umstellung der Wörter vermeiden.) An diesen Relativsätzen fällt uns nichts mehr auf: »Da waren viele Zuschauer, die wurden alle naß.« Oder: »Ich habe dem einen Brief geschrieben, der kam zurück.« Es gibt aber auch Relativsätze, bei denen wir wünschen noch die Umstellung (bei diesem zum Beispiel auch.) Aber der Trend ist da, der erlaubt uns das.

Am erfolgreichsten ist er in Nebensätzen, die mit »weil« beginnen. Hier findet sich heutzutage in gesprochenen Sätzen fast nur noch die vertraute Stellung, »weil man kennt es gar nicht mehr anders«. Für diese neuen Weil-Sätze haben wir auch eine besondere Rechtfertigung, denn der Zwillingsbruder des »weil«, das »denn«, verlangte immer schon die vertraute Reihenfolge, »denn man kannte es gar nicht anders«.

Auch in Nebensätzen scheint uns der neue Trend besonders da erlaubt, wo das Adverb am Anfang einen Gegensatz ausdrückt: »Der heulte, obwohl – er hatte gewonnen.« – »Der Pit tut, als ob – er wäre der Stärkere.« Bei anderen Nebensätzen folgen wir lieber noch der alten Regel.

Sollen wir dem Zug zur Vereinfachung denn nun nachgeben? Mir scheint, daß viele Menschen schon immer so gesprochen haben, nur dringt es jetzt auch in die gehobene Sprache ein. Die wird dadurch zwar schlichter, aber nicht notwendig ärmer. Sie bleibt immer so reich wie die Gefühle und Gedanken, die wir in ihr ausdrücken wollen.

Wir gehen, ne?

Weil die Party schon lange dauerte, seufzte Hanns-Georg und sagte zu seiner Ingeborg: »Gehen wir.« Doch gerade diese Bemerkung war geeignet, Ingeborg noch einmal voll auf Touren zu bringen. Wie er dazu komme, einfach zu befehlen »wir gehen«.

Hanns-Georg bestand darauf, er habe nicht »wir gehen« gesagt, sondern »gehen wir« und das sei schließlich die reine Frageform, weil es auf die Wortstellung ankomme. Der Aussagesatz jedoch heiße »wir gehen«. Und er fügte tonlos hinzu: »Gehen wir oder gehen wir nicht.«

Ingeborg aber war sich ganz sicher, daß ihr Mann gesagt habe »gehen wir!« mit einem dicken Ausrufezeichen. Und das sei, grammatisch gesehen, eine Aufforderung. Ja, wenn er gesagt haben würde »wir gehen?«, dann wäre das eine Frage gewesen. Aber, stellte Ingeborg mit Nachdruck fest, er habe nicht.

Der arme Hanns-Georg. Er war sich sicher, daß »wir gehen« überhaupt keine richtige Frage sein könne. Darum rief er einen der Umstehenden zu Hilfe, einen Mann, der für seine entschiedenen Ansichten bekannt war. Der hatte, wie auch andere Partygäste, dem Streitgespräch im stillen schon zugehört und war froh, nun daran beteiligt zu werden.

Das müsse man ausprobieren, meinte er. Und so sprach er sich und den anderen vor: »Gehen wir«, »gehen wir«, »wir gehen«, »wir gehen«. Er ließ dabei die Stimme am Ende fallen oder steigen, betonte dies und das, um schließlich festzustellen, es komme auf die Stimmführung an. Die deutsche Sprache habe den Nachteil, daß die überlieferte Wortstellung der höflichen Frage (gehen wir?) zugleich die Wortstellung der groben Aufforderung sei (gehen wir!). Der Aussagesatz (wir gehen) sei weniger mißverständlich.

Inzwischen beteiligten sich auch die anderen Gäste an den Versuchen. »Gehen wir!« hörte man in allen Varianten, »gehen wir?« oder »wir gehen!?« und »wir gehen??«. Der Raum schwirrte davon, alle redeten und keiner hörte mehr zu. Der allgemeinen Aufbruchstimmung, die so herbeigeredet wurde, stemmte sich die Gastgeberin vergebens entgegen. Mit der Party war es jetzt endgültig vorbei.

Nicht aber mit der Diskussion, die Ingeborg und Hanns-Georg am nächsten Morgen vor den Kindern fortsetzten. Tochter Ottilie (Sekundarstufe II) fand das echt Quatsch. Heutzutage verlasse sich kein vernünftiger (also: jüngerer) Mensch mehr auf die Satzstellung. In jedem Falle heiße es »wir gehen«. Zur Verdeutlichung hänge man dann einfach ein Fragewort an.

Sie selbst kenne am Ende einer Party drei Möglichkeiten. »Wir gehen, ne?« sei eine ziemlich klare Aufforderung. Wolle sie ihre Entscheidung noch offen erscheinen lassen, so sage sie: »Wir gehen, o.k.?« Sei man selbst noch unentschlossen, so heiße es: »Wir gehen, oder?«

Dazwischen gebe es noch viele Abstufungen, die man mit anderen Mitteln erreiche. Da gebe es noch: ja? wie? was? nicht wahr? gell? oder sag? bis zu dem brutalen »klar?«

Ihr Vater trauerte dem alten Fragesatz nach und wollte wissen, warum man heute ausgerechnet dies »ne?« anhänge und nicht wenigstens ein ordentliches »nicht?« Das könne leicht zu Verwechslungen führen, sagte Ottilie. In der lauten Disco könne man dann nicht mehr unterscheiden zwischen »wir gehen nicht« und »wir gehen, nicht«. Die Jugend denke eben praktisch.

Und weil ihr Vater so traurig dreinblickte, tröstete sie ihn: »Ich glaube, ich versteh dich, ne.«

Mir geht's danke

»Wo kommen Sie denn her?« Ich drehe mich um. »Ach«, rufe ich, »Herr, äh, Herr, äh ... Sie auch hier?« Wenn ich nur wüßte, wer das ist, gewiß will er auch zur Mitgliederversammlung.

»Ja«, ist seine Gegenfrage, »was machen Sie denn hier?« – »Sind Sie auch da?« bemerke ich, immer noch nach seinem Namen suchend, und muß das, weil er etwas schwer hört, auch noch wiederholen. »Ob Sie auch da sind?« Ja, er ist auch da.

Während andere in den Saal gehen, schütteln wir uns die Hand. Wie im Chor sagen wir: »Lange nicht gesehen« und »Sie sieht man aber auch gar nicht mehr.« – »Wie geht es Ihnen?« ist meine Erkundigung, »alles in Ordnung?« Er macht ein nachdenkliches Gesicht, fragt dann aber lieber zurück: »Danke, und wie geht's selbst? Alles munter?« – »Ich kann nicht klagen«, entgegne ich, »und Sie selbst?«

Herr Feistkorn (endlich ist mir sein Name eingefallen) ruft nun auch anderen Bekannten nach »wie geht's?«, während er meine Hand noch festhält. Von überall schallt es zurück: »Danke, und selbst?« Herr Feistkorn murmelt »Ja-ja.« Ich sehe mich derweil heimlich nach anderen um, die auch noch zu begrüßen wären, und nehme doch den Faden wieder auf: »Was macht die Gesundheit?« Herr Feistkorn weiß, wie man antwortet: »Ach, muß ja gehen.« Und ich weiß es auch. »Das ist ja die Hauptsache.«

»Schwül heute«, sage ich, um eine Pause zu überbrükken. »Man kann sich das Wetter nicht aussuchen«, sagt er ganz richtig und erkundigt sich weiter bei mir: »Wie geht's zu Hause?« Ich weiß nicht, ob ich das nicht schon beantwortet habe, und sage darum: »Unkraut vergeht nicht.« Dann gebe ich zurück »Wie geht es bei Ihnen?«, was Herr Feistkorn zu beantworten weiß: »Mir geht's danke.«

Aber da ist noch etwas, ganz glücklich ist er nicht. »Und Ihrer Frau?« frage ich ins Blaue. Er erzählt, daß er seit einiger Zeit Witwer sei. »Sagen Sie bloß!« (etwas Besseres fällt mir nicht ein), »was Sie nicht sagen!« Pause. »Da kann man«, räume ich ein, »nichts machen«. Der Witwer stimmt mit zu: »Was soll man machen.« Mein Trost heißt: »Das Leben geht weiter.« – »So ist das Leben«, sagt er, dem Leid eine allgemeinere Wendung gebend, und ich schließe mich an: »Es trifft uns alle mal.«

Um das Gespräch zu beenden, stöhne ich ein bißchen,

sage »Was soll's?« und will Herrn Feistkorn die Hand zum Abschied reichen: »Na, dann woll'n wir mal.« Aber er ist noch nicht ganz so weit. »Man muß es nehmen, wie es kommt«, sagt er versonnen, und ich greife das auf: »In dem Sinne!«

Wieder hält er meine Hand lange fest. »Wir müssen uns mal sehen«, sagt er. »Ja, melden Sie sich doch mal«, stimme ich zu. »Oder«, schlägt er vor, »kommen Sie doch mal vorbei.« Wie aus einem Munde sagen wir: »Würde mich freuen« und »Wir können uns ja mal verabreden.« Das geht noch eine Weile: »Müssen wir wirklich mal. Also bis bald. Alles Gute. In dem Sinne. Machen Sie's gut. Also denn. Wir müssen wohl. Ich glaube, jetzt ...«

Nun fällt mir ein, daß ich es nicht so eilig habe, in die Versammlung zu kommen. Sie fängt noch nicht an, und drinnen müßte ich nur neue Gespräche führen. Herr Feistkorn redet auch noch weiter: »Grüßen Sie unbekannterweise Ihre Frau von mir ... Wir sehen uns vielleicht nachher noch ... Schön, daß wir uns wenigstens mal kurz gesprochen haben ... War nett ...«

Endlich trennen wir uns. Auf meinem Platz wird mir klar: Das ist gar nicht Herr Feistkorn. Aber wer sonst?

Passen Sie auf!

Wenn mir jemand mit »Hören Sie zu!« kommt, fühle ich mich bedrängt, als faßte mir jemand an die Kleidung. Manche Mitmenschen haben ein ganzes Arsenal solcher Aufdringlichkeiten zur Verfügung wie dieser eifrige ältere Herr:

»Nett, Herr Hirsch, Sie zu treffen. Passen Sie auf, ich geh 'n Stück mit. Wissen Sie, diese Kernenergie macht mir Sorgen. Verstehen Sie, was ich meine? Ja? Machen wir uns doch nichts vor! Nein, ich meine diese Demonstrationen. Oder sehen Sie das etwa anders? Erlauben Sie mal. Haben Sie eine Ahnung! Sie müssen doch eins bedenken: Wir brauchen diese Energie. Was meinen Sie, was sonst los ist. Stellen Sie sich das mal vor. Nun kommen Sie mir nicht mit Wunschträumen. Schauen Sie, das muß man ganz realistisch sehen. Und ob!

Da können Sie sagen, was Sie wollen, der Fortschritt ist sowieso nicht aufzuhalten, sage ich immer. Wo kommen wir denn hin, wenn wir auf alles verzichten sollen. Glauben Sie an die Selbstlosigkeit der Amerikaner? Na also. Sie können doch nicht im Ernst annehmen, daß die uns was schenken. Ach, gehen Sie! Keine Rede! Wo denken Sie hin. Sie dürfen doch eins nicht vergessen: Jeder ist sich selbst der Nächste. Wem nützt denn das, wenn wir auf Kernkraft verzichten? Sehen Sie. Das muß man doch ganz vernünftig einschätzen. Warten Sie nur ab, was wird. Sie werden schon merken, wo das hinführt.

Wer redet denn von Risiko. Bleiben Sie mir doch weg mit solchen Sprüchen. Lieber Herr Hirsch, glauben Sie mir, was ich Ihnen sage! Alternative Lebensformen, daraus wird sowieso nichts, wirklich. Denken Sie mal selbst nach; Sie können doch nicht einfach behaupten, daß wir mit der Sonne auskämen. Ach, gehen Sie! Das kann doch nicht Ihr Ernst sein. Sie sind jünger als ich, merken Sie sich eins: Die Erfahrung spricht dagegen, eindeutig.

Ich verstehe gar nicht, wieso das so schwer zu begreifen ist. Sie glauben ja gar nicht, wie die Gefahren ständig übertrieben werden. Erzählen Sie mir doch nichts! Das weiß ich doch selbst. Das ist doch alles gesteuert. Hören Sie mal zu, das dürfen Sie nicht sagen. Wofür halten Sie mich?

Ich will versuchen, Ihnen das zu erklären. Ach, kommen Sie! Ich habe mir jetzt Werbematerial schicken lassen. Wie finden Sie das? Was sagen Sie nun? Ja, muß man doch machen. Sagen Sie, kann ich Sie nicht auch gewinnen? Schauen Sie, das ist wichtig, kann ich Ihnen versichern. Wird doch von Fachleuten gar nicht mehr bestritten.

Vor allem dieser Professor, warten Sie mal. Sie kennen ihn auch. Sagen Sie schon! Gott, Moment mal. Lassen Sie mich mal nachdenken. Augenblick! Ja, dieser Professor Mandel. Hören Sie zu, das ist eine Kapazität. Wenn ich

Ihnen sage. Es ist doch so ... Nein, lassen Sie mich mal ausreden. Also, der ist selbst in der Elektrizitätswirtschaft tätig. Ach, erzählen Sie mir nichts. Der ist absolut neutral.

Ich will Ihnen mal was sagen: Informieren Sie sich mal gründlich, das ist wichtig. Sie verstehen, was ich meine. Dann werden Sie das auch so sehen. Und vergessen Sie eins nicht: Auch Ihr Lebensstandard ist in Gefahr. Erlauben Sie mal! Das glauben Sie doch selber nicht! Ich muß jetzt rechts. Also bis demnächst mal. Und überlegen Sie sich das! Sie werden noch an mich denken.«

Ja, das werde ich noch lange.

Ein inneres Missionsfest

Ach, Onkel Willi, auch nach dem zweiten Glas Cognac weißt du noch, was man so sagt (und was andere vor dir millionenfach gesagt haben). Als ich kam, sagtest du »Wenn man vom Teufel spricht, dann kommt er.« Als auch noch mein Bruder erschien, war dein Kommentar »Hier muß wohl irgendwo ein Nest sein.« Dann hast du mich nach meiner »besseren Hälfte« gefragt (ich weiß, wen du damit meinst), wolltest wissen, ob ich mit meinem »Brötchengeber« noch zufrieden sei und wie es mit meinem »fahrbaren Untersatz« stehe.

Aber nun sollten wir uns doch einmal dir zuwenden. Wie war das noch? Wenn du dich loben willst, sagst du »Nicht verzagen, Willi fragen«, oder du verbreitest Optimismus mit dem Grundsatz »Es geht alles, und was nicht geht, wird gehend gemacht.« Ja, auf deine »kleinen grauen Zellen« kannst du dich eben immer noch verlassen, weil du doch »61 Jahre jung« bist, und das meiste, was man von dir verlangt, ist »eine deiner leichtesten Übungen«, geht »in Null Komma nix« und kostet auch nur »null D-Mark (West)«.

Ja, Onkel Willi, bei dir klingt das alles so, als sei es eben erfunden, obwohl es sich sonst doch verboten anhört. »Alle sind gleich, aber einige sind gleicher«, wie man seit Orwells Zeiten scherzt.

Weil ich dich sicherlich als wandelndes Museum der Redensarten vorführen darf, werfe ich dir jetzt einige Stichworte zu. Sobald vom Finanzamt die Rede ist, sagst du »Die wollen doch nur unser Bestes, nämlich unser Geld.« Die Beamten dort hätten »so ein einnehmendes Wesen«. Und daher fehlt dir für größere Anschaffungen – ja was fehlt dir? »Das nötige Kleingeld.« Genau. Auf meine besorgte Frage, was du Sonntag gemacht habest, antwortest du (ganz überraschend, wie immer) »Einen guten Eindruck und 'n dummes Gesicht«. Habt Ihr nicht mittags Rinderzunge gehabt? Nein, sagst du, das magst du nicht, »was andere schon mal im Mund gehabt haben«.

Und dein Vater? Ja, wenn er dich noch erleben müßte, würde er »im Grabe rotieren«, verständlich bei deinem feuchtfröhlichen Lebenswandel, wie du das nennst. »Erst konnte ich nicht widerstehen, dann konnte ich nicht wieder stehen.« Und wenn ich mich mal nach deinem Sohn erkundigen darf? »Der Apfel fällt nicht weit vom Pferd.« Dacht ich mir.

Ja, was machen wir mit dem angebrochenen Abend? Was hast du denn noch an Kommentaren auf Lager? Richtig! »Erstens kommt es anders und zweitens als man denkt.« Und überhaupt »Warum denn einfach, wenn's auch kompliziert geht.« Zur inneren Beruhigung ist zu empfehlen »Abwarten und Tee trinken«, »Nicht ärgern, nur wundern« und »Einer spinnt immer.«

Hat sich jemand blamiert, so wäre dies geeignet: »Denken ist Glückssache«, »Kopfrechnen schwach, Religion gut«, »Operation gelungen, Patient tot« oder »Mancher lernt's nie und auch dann noch unvollkommen.« Man hat eben schon Pferde kotzen sehen, da sollte man sich lieber einen Ast lachen und sich draufsetzen, damit es zum inneren Missionsfest wird.

Aber Ernst beiseite. Laß dir lieber mal nachschenken. Aller guten Dinge sind drei. Prost! Aber im Vertrauen: die alten Redensarten sind auch nicht mehr, was sie mal waren. Und Einsicht ist der erste Weg zur Besserung. Stimmt's oder hab ich recht?

Jetzt denkst du bestimmt von mir, »so was lebt und Schiller mußte sterben.«

8
Verzwickte Sachen

Kalter Krieger

War Konrad Adenauer ein »roter Rosenzüchter«? Man muß das als Schmähung zurückweisen. Die Rosen mögen rot gewesen sein, ihr Züchter gewiß nicht. Wahrscheinlich stammt diese Wendung von einem sonst »flüssigen Textverfasser«, dem es hier an »genauer Ausdrucksgabe« fehlte oder besser: an der Gabe des genauen Ausdrucks.

Es ist bei uns »angewandten Sprachwissenschaftlern« (schon wieder das gleiche) ein beliebter Sport, unseren deutschen Mitmenschen all diese Konstruktionen auszureden, auch so gebräuchliche wie den unheimlichen Kitschroman und die baldigen Genesungswünsche. Selbst das geheime Wahlrecht findet keine Gnade, wenn auch nur sprachlich, versteht sich.

Um den hier verborgenen Fehler deutlich zu machen, schrecken wir nicht davor zurück, uns alberne Beispiele auszudenken. Was halten Sie von einem »fliegenden Personalbogen«? Das soll ein Personalbogen für das fliegende Personal sein, ich weiß jedoch nicht, ob es ihn gibt. Der »ruhende Verkehrsinspektor« ist sicherlich erfunden, das »vierhändige Tanzbüchlein« nicht.

In all diesen Fällen bezieht sich das Eigenschaftswort, zum Beispiel »geheim«, auf den ersten Teil, also in diesem Falle auf »Wahl-« und nicht auf »-recht«. Aber die deutsche Sprache ist nun einmal anders eingerichtet. Eine grüne Haustür wird nie die Tür zu einem grünen Haus, also keine »grüne Haus«-Tür.

So sagt es die Grammatik, aber unser Sprachempfinden ist unendlich großzügig. Peinlich war es nur, als der Deutsche Sprachverein, der seit 1922 die deutsche Sprache bessern wollte, bemerkte, daß er sich zunächst einmal um seinen eigenen Namen kümmern mußte. Er wollte ja kein »deutscher Verein« für irgendeine Sprache sein. Seit 1947 heißt die Nachfolgerin korrekt und umständlich Gesellschaft für deutsche Sprache.

Oft ist der Fehler schon deswegen nicht leicht zu bemerken, weil die Konstruktion in jedem Falle Sinn gibt. Das eiserne Hochzeitspaar ist auch als Paar eisern (hätten die sonst so lange durchgehalten?). Der kommunistische Parteivorsitzende wird auch selbst kommunistisch gesonnen sein; und die rasche Auffassungsgabe mag sich auch als Gabe rasch zeigen. Nur der aromatische Suppenkoch hat es nicht ganz so leicht, ernst genommen zu werden.

Dürfen wir denn Konrad Adenauer einen kalten Krieger nennen? Nun, auch als Krieger blieb er stets kühl, so könnte die Bezeichnung passen. Aber schon, wenn wir sie auf den hitzigen Franz Josef Strauß anwenden, merken wir, daß nur der zugrunde liegende »kalte Krieg« eine sinnvolle Formulierung ist. Mir ist auch der »logische Nachfolger« nicht ganz geheuer, denn logisch mag die Nachfolge sein, nicht notwendig der Nachfolger. So geht oft die Sache (zum Beispiel »doppelter Sieg«) auf eine Person über (»doppelter Sieger«), ohne daß es noch paßte.

In diesen Verdacht geraten: der eingebildete Kranke, die langjährige Kundin und die entfernte Verwandte. Unter einer »ausgedehnten Benutzerin« kann ich mir noch etwas vorstellen, unter einem »offenen Golfmeister« schon weniger, obwohl die Meisterschaft sicherlich offen war. Auch von »nackten Mädchenbildern« will ich nichts wissen. Denn was nützt es mir, wenn nur die Bilder nackt sind.

Man sagt, Oskar Lafontaines Beliebtheits*kurve bei den Wählern* steige, aber ich frage mich, was eine Kurve bei den Wählern ist. Wenn Lafontaine beim Wähler kurvt, so liegt das wohl an der großen Beziehungs*fähigkeit zu Menschen,* die man ihm nachsagt. Jedenfalls kann er das Vertrauens*verhältnis in die SPD* nicht allein durch seine Rede*häufigkeit als Oppositionspolitiker* gefestigt haben.

An diesen Konstruktionen stimmt etwas nicht, das haben Sie gleich gemerkt. Ganz auffällig wird das bei der amtlichen Mitteilung, »Hundebesitzer aller Rassen« hätten ihre Tiere zu versteuern. Und wenn ich Ihnen von meinen »Hausplänen aus Holz« erzähle, so müssen Sie sich erst denken, daß ich Pläne für ein Holzhaus meine. Weil die Wackelkonstruktionen Ihnen nun aber deutlich vor Augen stehen, können wir uns wieder der Politik zuwenden, diesmal einer fiktiven Rede, gehalten von einem konservativen Politiker, zusammengefaßt von einem Journalisten:

»Seine Gedenkrede an die Einführung der Deutschen Mark vor vierzig Jahren bescheinigt der Mark einen unauslöschlichen Hinweischarakter auf Ludwig Erhard. Heute aber müsse man sich Sorgen machen um die Aufschwungstendenzen des Exports und wegen des Nachfragerückgangs nach deutschen Waren. Im weltpolitischen Teil seiner Rede verlangte er freie Zugangsrechte zum Weltmarkt, rückte aber ab von der alten Verbrüderungstendenz mit Paris. Innenpolitisch befürwortete er den Verbotsantrag der Rechtsradikalen durch das Bundesverfassungsgericht (hier hat der berichtende Journalist die Konstruktion doppelt falsch geschlungen). Er sei überzeugt, sagte der Redner, daß wir dem In-die-Luft-Sprengversuch der Gesellschaft nicht tatenlos zusehen dürften. Zum Glück sei hingegen das Meinungsbild zur Arbeitslosigkeit unverändert. Um so mehr halte er von der Fortschrittsidee der Technik. Seine Rede schloß er mit einem Spendenaufruf für die deutschen Aussiedler, und er ermunterte zu Eintrittserklärungen in die Partei.«

Aber was beschäftigen wir uns mit der Mark, wo doch Lafontaine viel mehr Perspektiven eröffnet! In seiner Partei wird jedoch seine Gesprächsbereitschaft mit der CDU kritisiert und geklagt, er habe Einflußschwierigkeiten auf die Gewerkschaften und zu Hause erhebliche Lösungsprobleme für die Strukturkrise. Daher hören viele seine Aufstellungsabsichten zum Kanzlerkandidaten schon deutlich bröckeln, ja einige sehen ihn als Rückwanderer in die Provinz, in die er für immer gehöre.

Verwandt mit diesen spachlichen Härtefällen ist der Versuch, einen Täter wie eine Tätigkeit zu konstruieren. Ein Beispiel dafür war schon der »Rückwanderer in die Provinz«. Was ich meine, wird deutlich, wenn wir uns jetzt, um abzuwechseln, einmal Hans-Jochen Vogel zuwenden. Über ihn hieß es: »Er zählt sich nicht zu den Schuldigen am Ausgang der letzten Bundestagswahl. Dennoch gibt es unter den Aufständischen gegen den Fraktionschef viele Spekulanten auf seine Ablösung und ebenso viele Interessenten an seinem Posten. Viele Eindringlinge in seine Rechte nutzen es aus, daß es ihm an Informanten über seine Kritiker mangelt. Er selbst ist bekanntlich kein guter Redner über alle aktuellen Themen, und allzu wenigen gilt er als Retter aus der Not oder gar als künftiger Sieger über seine Feinde.« Soweit der Bericht.

Vielleicht habe ich zu Unrecht etwas gegen »Sieger über« und »Retter aus«. (Diese Bedenken entstammen wohl nur plötzlichen Gedankenflügen meines sprachempfindlichen Kopfes.) Aber kann man bei Vogel überhaupt von Sieger und Retter sprechen? Er hat als Karriere-Jurist doch allenfalls Aufstiegschancen zum Bundeskanzler.

... ohne ins Büro zu gehn

»Ach wie ist das Leben schön, ohne ins Büro zu gehn.« Dieser alte Schlager enthält nicht nur eine tiefe Weisheit, sondern ist auch unmittelbar verständlich. Und doch ruft der Satz in unserem Sprachzentrum ein leichtes Grauen hervor. Besagt er denn nicht, das Leben gehe gewöhnlich ins Büro? Darum schlage ich Ihnen vor, daß wir den Satz umformen. Da ich heute, während ich dies schreibe, meinen fünften Hochzeitstag begehe, liegt mir folgende Umformung nahe: »Ach wie ist die Gudrun schön, ohne zum Friseur zu gehn.« Auch Sie müssen doch zugeben, daß an diesem Satz nun einfach alles stimmt.

Die Regeln der Grammatik können eben nicht aufgegeben werden, ohne die Verständigung zu erschweren. An diesem Satz ist schon wieder vieles falsch. Darum nenne ich nun die Regel, die uns hilft, alles im Lot zu halten: Der Infinitivsatz muß sich eindeutig auf ein Glied des übergeordneten Satzes beziehen. Sonst kann es, wie hier, mehrdeutig werden: »Gegen Manfred wird ein Kesseltreiben veranstaltet, ohne eine Chance zu haben.« Hat Manfred oder hat das Kesseltreiben keine Chance? Der Grammatik und unserem Sprachgefühl nach: das Kesseltreiben. Sonst müßte man sagen: Er ist das Opfer eines Kesseltreibens, ohne eine Chance zu haben. Ist das nur etwas für Schulmeister? Nun, dieser Fehler geschieht ziemlich oft, ohne es zu merken. Nein: Er wird von uns begangen, ohne es zu merken. Nein, immer noch nicht. Also: Wir machen ihn, ohne es zu bemerken. Na endlich. Bravo!

Das ist ein weites Feld; auch der bloße Infinitiv läßt uns bei jeder Gelegenheit straucheln. »Ich wünschte, diese Glossen sorgten dafür, besser mit der Sprache umzugehen«, schrieb mir ein Leser. Was wollte er wohl sagen? Vielleicht dies: »Ich wünschte, die Glossen schafften es, daß die Menschen besser mit der Sprache umgehen.« Dann wäre es ganz klar. Hatte es der Leser so gemeint?

Zu meiner Entschuldigung kann ich nur sagen: Es war nicht nur mein eigener Wunsch, sondern auch der des

Chefredakteurs, diese Glossen zu schreiben. Im übrigen richte ich mich nach Ihnen, und wenn Sie Wünsche haben, wäre ich Ihnen dankbar, mich zu informieren (Sie merken, ich mache jetzt ungeniert alles falsch, weil Sie als Kenner das sowieso gleich durchschauen). Richtig zu schreiben, wird heutzutage mehr gewünscht als getan. Wem sage ich das?

Es kann Sie daher auch nicht verwundern, daß wir die gleichen Fallstricke auch bei allen »um ... zu«-Sätzen finden. »Glossen sind dazu da, um sprachlich sattelfest zu werden.« Ja eben, oder man liest sie, um sattelfest zu werden. Wer es nämlich nicht ist, muß immer einen Fachmann herbeirufen, um ihm zu helfen. Sonst kann es verfänglich werden – wie bei diesem Satz, den ein verheirateter Mann an seinen noch ledigen Freund schrieb: »Ich lade Dich ein, um der Dame näherzukommen.« Der Freund war sich aber als bloßer Mittler zu schade. Schade.

Das »um ... zu« gibt es auch in jenen sonderbaren Sätzen, die gar keine Absicht ausdrücken und doch allerbestes Deutsch sind – wie dieser Satz: »Er war noch zu klein, um mitzukommen.« Auch hier darf jedoch nicht das Subjekt wechseln, wie das in dem ebenso berühmten wie wahren Satz geschieht: »Der Krieg ist eine zu ernste Sache, um ihn allein den Generälen zu überlassen.« Wahr gesprochen.

An diesem Satz sollten wir daher festhalten, auch wenn seine Konstruktion erheblich wackelt. Man kann ihn zwar verbessern, aber sollte darüber nie vergessen: Die grammatischen Regeln wurden sowieso nur aufgestellt, um sich darüber hinwegzusetzen.

Ein holländischer Deutschlehrer trat ans Pult, um vor deutschen Germanisten – in fehlerfreiem Deutsch, versteht sich – einen Vortrag zu halten. Fünfzig Jahre habe er holländischen Schülern die Tücken der deutschen Sprache beigebracht, sagte er, aber nun zweifele er, ob die Deutschen selbst ihre Muttersprache noch beherrschten. Man sehe sich doch nur die Beugung der Eigenschaftswörter an! Er schlug eine Sammlung auf, die er beim Lesen deutscher Bücher und Zeitungen angelegt hatte.

Von »einem Stückchen imitierte*n* Strand« habe Robert Jungk einmal berichtet. Der betagte Holländer zitierte es mit Trauer. »Vor einer Art selbstgebastelte*n* Zwickmühle« habe Marion Gräfin Dönhoff die Politiker einmal stehen sehen. Und selbst ein Germanist wie Leo Weisgerber sei gelegentlich »für solches grammatische*s* Wissen« eingetreten, das er anscheinend selbst nicht besitze.

Ich zitiere unseren besorgten Sprachfreund aus Holland, weil ich auch der Meinung bin, daß kaum ein Deutscher in den genannten Fällen sagen kann, wie es richtig heißt. Je mehr wir darüber grübeln, desto unsicherer werden wir. Auf einem Stückchen imitierte*r* Strand, imitierte*m* Strand – oder doch: imitierte*n* Strand. Wofür wären Sie? Stehen Politiker vor einer Art selbstgebastelte*r* Zwickmühle, selbstgebastelt*e* oder doch selbstgebastelte*n* Zwickmühle? Wir sind hier selbst in der Zwickmühle; uns fehlt »solches grammatische(s) Wissen«, das uns retten könnte. Deshalb habe ich nachgeschlagen und siehe da: alle drei zitierte(n) Autoren hatten durchaus recht. Der holländische Germanist hatte auf Regeln bestanden, die inzwischen nicht mehr streng gelten; er verlangte in zwei Fällen die starke Beugung (»imitiertem«, »selbstgebastelter«) und im dritten die schwache (»grammatische«). Wann ein Eigenschaftswort schwach, wann stark gebeugt wird, das ist eben heutzutage oft anders festgelegt als früher; noch öfter schwankt der Sprachgebrauch. Nur eins steht fest: die Regeln sind zu kompliziert.

Hand aufs Herz, wer weiß schon, ob es »auf bestem,

holzfreie*n* Papier« heißt oder »holzfreie*m*«? Wenn ich Sie das frage, antworten Sie dann: »Das können Sie mit mir kluge*r* Frau nicht machen« oder »mit mir kluge*n* Frau«? Sagen Sie »Erbarmen mit mir alte*m* Mann« oder lieber »mit mir alte*n* Mann«? Das wissen wir Deutsche(n) nicht. Aber ich habe nachgesehen. In all diesen Fällen sind beide Formen erlaubt.

Wie rufen Sie, »solches herrliches Wetter« oder »solches herrliche*e* Wetter«? Oder wären das gleich zwei solche Fehler (oder: zwei solche*r*), die wir vermeiden wollen? Auch hier sind jeweils beide Formen erlaubt. Aber erinnern wir uns noch mal jenen Deutschlehrers (nein, jenes). Er tröstete uns mit jenem ungewöhnlichem Gedanken (nein, ungewöhnlichen), den ich schon angedeutet habe: Unsere Sprache ist zu kompliziert. Von allen germanischen Sprachen habe es allein das Deutsche versäumt, den Formenreichtum zu vereinfachen. Ausländer könnten kaum unsere Grammatik erlernen, deren verzweigte, komplizierten Regeln (nein, komplizierte) das Deutsche hinderten, Weltsprache zu sein.

Recht mag er haben. Doch wer will das System liberalisieren, da es doch denen, die sich darin auskennen, Überlegenheit verleiht? Da zeigt sich nur wieder unser oft beklagte Hochmut. (Oder sollte es unser oft beklagter Hochmut sein? Ich glaube, ja.)

Der Sturz des Dollar

Könnten wir mit unseren Ur-Ur-Großeltern sprechen, so würden wir sie wohl noch verstehen. Unsere Vorfahren vor zehn Generationen aber könnten wir kaum noch verstehen (wir wären damit in die Zeit des Dreißigjährigen Krieges geraten). Wenn wir sogar zwanzig Generationen zurückgingen, würden wir im hohen Mittelalter angekommen sein – und kein Wort wäre mehr zu verstehen. So schnell ändert sich die Sprache.

Heute wandelt sie sich vielleicht noch ungehemmter als früher. Sie wird vor allem einfacher. Und wir? Wir können sagen, wir seien bei diesem Schauspiel dabeigewesen. Täglich hörbar wird dieser Wandel bei dem, was unsere Fachleute kopfschüttelnd die »Unterlassung der Deklination« nennen. Zu deutsch: Wir beugen viele Hauptwörter nicht mehr, wir lassen einfach die Endungen weg.

Wir sagen heute (im dritten Fall): dem Held, dem Bub, dem Fürst und dem Bär. Vielleicht merken Sie, lieber moderner Leser, gar nicht, daß diese Formen vor einiger Zeit noch ganz unbekannt waren. Da hießen sie nämlich: dem Helden, dem Buben, dem Fürsten und dem Bären. Das gleiche gilt vom vierten Fall: den Hirt, den Steinmetz, den Vorfahr ... Auch hier fällt uns die fehlende Endung kaum auf. Noch weniger bei Fremdwörtern: den Elefant, den Patient, den Konkurrent oder dem Soldat und dem Brillant.

Alle diese Wörter behandeln wir, als gehörten sie zu den sogenannten stark gebeugten. Es gibt sie nämlich, die Substantive, die im dritten und vierten Fall keine Endung haben (Beispiel: dem Schuh, den Schreiber). Und weil wir spüren, daß es ohne Mißverständnisse abgeht, so bleiben wir ganz schlicht und beugen nicht.

Nun muß ich aber einräumen, daß diese sogenannten stark gebeugten Wörter doch auch eine Endung bekommen, nämlich im zweiten Fall. Aber was machen wir? Wir lassen heutzutage auch hier oft die Endung schon weg. Alle Welt kennt den Sturz »des Dollar«, der nur noch selten ein Sturz des Dollars ist, wir kennen die Nöte »des Vatikan« und den Film »Die Kinder des Olymp«.

Das geht auch mit deutschen Wörtern spielend. Man liest heute vom Verlust des Daumen, vom Beginn des Heiligen Abend, vom Höhepunkt des Vergnügen und davon, daß ein Geschäft wegen Umbau geschlossen ist.

Bei Goethen finden wir sogar noch Namen mit dem Genitiv-s versehen (›Die Leiden des jungen Werthers‹), heute machen wir das selbst bei Ländern nicht mehr (die Wirtschaft des südlichen Afrika) und lassen alles, was nach Namen klingt, unverändert: der Saft des Holunder und die Kunst des Biedermeier.

Die Schlichtheit, die wir damit erreichen, ist kein Mangel. Im Gegenteil, alle ausgereiften Sprachen sind einfach. Auch die Verständigung und Klarheit muß nicht leiden. Als Beweis dafür kann man auf die Wörter weiblichen Geschlechts hinweisen, die im Singular sowieso keine Endungen haben (die Frau, der Frau, der Frau, die Frau). Man sieht also, es geht doch!

Selbst unsere anerkannten Hüter des Formenreichtums sind auf dem Rückzug. Der ›Duden‹ erlaubt die Wendung »von Intendant Neuffer«. Das braucht heute niemanden mehr aufzuregen (oder auch »niemand«). Sogar »aus aller Herren Länder« darf man sagen, obwohl es ja eigentlich »aus ... Ländern« heißt.

Bald wird man auch sagen: das regt »kein Mensch« mehr auf. Aber bis dahin werden noch Jahre vergehen ... Jahren-de ... Jahrzehnte, was sage ich ... Jahr-zehn-ten!

Spargeln mit Kartoffel

Familie Sonntag setzte sich im Ausflugslokal an einen Tisch. Herr Sonntag griff nach der Speisekarte. »Rinderbraten mit Kartoffel« las er vor. »Richtig Deutsch können die aber auch nicht. Die Wörter auf -el bilden die Mehrzahl mit einem -n. Die Kartoffeln, die Zwiebeln, die Wurzeln, die Muscheln, die Morcheln.«

Tobias hatte derweil in die Speisekarte geschielt, denn er hatte Hunger. »Oh«, sagte er erfreut, »ich möchte frische Spargel. Hier steht wirklich Spargel, es heißt aber wohl Spargeln, wenn Vati recht hat.« – »Nein«, sagte Herr Sonntag, »es heißt wirklich Spargel.«

»Komisch«, murmelte Tobias und starrte auf das Besteck, »zwei Messer, das ist klar; aber sind es nun zwei Gabeln und zwei Löffeln oder zwei Gabel und zwei Löffel?« Seinem Vater war die Diskussion nicht ganz geheuer. »Es heißt die Gabeln, aber die Löffel«, sagte er, »die Mehrzahlformen ohne -n scheinen doch häufiger zu sein.«

»Könnte es nicht sein«, sagte seine Frau und legte begütigend die Hand auf seinen Arm, »daß es daran liegt, ob ein Wort männlich oder weiblich ist? Der Löffel bekommt kein -n, die Gabel aber bekommt es. Das wäre doch eine Lösung.«

Inzwischen war der Ober herzugetreten und nahm die Bestellung auf. Herr Sonntag bestellte: »Rinderbraten mit Kartoffeln für mich, statt der Zwiebeln bitte Fenchel oder Wurzeln. Das Schnitzel mit Knödeln und Semmelbröseln für meine Frau. Spargel und eine Flasche Sprudel für meinen Sohn.«

Tobias hatte kaum abwarten können, bis der Ober fort war. »Du, Vati«, begann er, »eben hast du ja Knödeln gesagt und Bröseln, obwohl beide männlich sind.« – »Deine Mutti wird eben doch nicht immer recht haben«, sagte Herr Sonntag zufrieden. »Jedenfalls war alles richtig.«

»Das schon«, sagte Frau Sonntag sanft, »im dritten Fall haben auch die männlichen Wörter ein -n. Also: mit Spargeln, mit Knödeln, mit Bröseln.«

»Können wir nicht mal von was anderem reden?« fragte schon leicht gereizt Herr Sonntag. Er hatte es nicht gern, wenn seine Frau etwas erklären konnte, das war sein Revier. »Es braucht ja nicht jeder hier im Lokal zu merken, wer bei uns die Stiefel anhat und wer die Pantoffeln.« Dann machte er eine Pause, und wie aus einem Munde sagten Tobias und er: »Die Pantoffeln, obwohl sie männlich sind!«

»Also wird deine Mutti wohl doch nicht recht haben«, wandte sich Herr Sonntag erleichtert an Tobias. »Wenn es nach ihr ginge, hätte sie ja die Regeln auf ihrer Seite und ich nur die Muskeln.« Wieder wie aus einem Munde: »Die Muskeln, obwohl sie männlich sind!«

Nun war es an der geduldigen Frau Sonntag, sich zu rechtfertigen. »Die Regel stimmt doch. Aber keine Regel ohne Ausnahme, keine Rose ohne Stacheln.« – »Stacheln«, murmelte Tobias, und sein Vater triumphierte: »Schon die dritte Ausnahme!« Aber seine Frau fand, daß drei Ausnahmen nur die Regel bestätigten (womit sie recht hat, wie übrigens bisher mit allem).

Der Ober brachte das Essen und fragte: »Wer hatte Spargeln mit Kartoffel?«

Doch alle Mitglieder der Familie Sonntag hatten inzwischen so viel Grammatik im Kopf, daß sie nur noch überlegten, wie es nun richtig heißt. Keiner antwortete. »Bitte sehr, Spargeln mit Kartoffel, für wen?«

Das Bestgeeignetste

»Das Problem brennt uns wirklich auf den Nägeln«, so sagte man. Heute, wo alles gesteigert werden muß, sagt man: »Das Problem brennt uns *unter* den Nägeln.« Während die alte Redensart von den Prozessionskerzen abgeleitet ist, die einem zuletzt auf den Fingernägeln brannten, sind es wohl neuerdings Krankheiten, die da unter den Nägeln brennen. Ein Fortschritt ist das nicht, finde ich, aber eine Steigerung. Unter den Nägeln! Toll. Es muß wohl alles gesteigert werden: die PS-Leistung der Autos, unser Lebensstandard und unsere sprachliche Ausdruckskraft.

»Den Zuschlag erhält der Meistbietendste.« Ich wäre für den Meistbietenden. Das leuchtet auch allen ein, nur unsere Zunge will es anders, sie hält das für den »bestgeeignetsten« Ausdruck. Das sind Ungetüme, kaum zu sprechen, vorn und hinten ein Superlativ. Dagegen habe ich die schwerstwiegendsten Bedenken. Warum sollen wir immer ordentlich aufdonnern, statt einfach das Nächstliegendste und Bestbewährteste zu wählen?

Die Liste der Beispiele wäre noch lang, aber ich will es nun nicht mehr falsch machen. Es hört sich doch wenigstens nicht ganz so überdreht an, wenn man nur einmal steigert und von der höchstgestellten Persönlichkeit spricht, die mit weitestreichenden Vollmachten auf die schnellstmögliche Weise die tiefstgreifende Ordnung schafft.

Schön sind aber auch diese zusammengesetzten Wörter

nicht. Ausgeburten einer schrecklichen Amtssprache sind sie, gebündelt zu einer Art Telegrammstil. Nur ist »schnellstmöglich« nicht einmal kürzer als »möglichst schnell«, verringert wird nur die Zahl der Wörter im Satz. Doch »schnellstmöglich« klingt viel zackiger.

Es begann 1950, daß es Mode und Vorschrift wurde, immer den ersten Bestandteil zu steigern. »Schwerstwiegende« Bedenken hatte man nun, wenn jemand noch von seinen schwerwiegendsten Sorgen sprach. Aus den weittragendsten und hochfliegendsten Ideen wurden damals weitesttragende und höchstfliegende. Aber so sehr sich das auch durchsetzte, ganz glücklich sind wir damit nicht geworden. Die Maßvollen unter den Sprachfreunden schlagen deshalb vor, weiterhin den letzten Bestandteil zu steigern, wenn der Ausdruck im übertragenen Sinne gebraucht wird.

Ein schönes Beispiel geben die »hochfliegendsten Pläne« im Gegensatz zu den »höchstfliegenden Flugzeugen«, die ja wirklich fliegen. Das Beispiel erläutert sich geradezu selber. Sowieso am Ende gesteigert werden: wohlschmeckend, zartfühlend und altmodisch. Alles klar?

Das führt mich nun zu einer Bitte, die ich bisher zurückgehalten habe: Warum läßt man nicht das Steigern in den meisten Fällen ganz sein? Ist nicht eine »weitgehende Neuregelung« immer schon sehr weitgehend, ein »naheliegender Vorschlag« uns nahe genug? Eine Steigerung erbringt da nichts außer leisen Zweifeln an unserer Glaubwürdigkeit und Gemütsruhe. Wenn es schon ein Superlativ sein muß, dann müßte er wenigstens nicht zu einem einzigen Wort zusammengezogen werden. Die am höchsten gelegene Hütte oder der am schlechtesten bezahlte Artist brauchen uns ja nicht im Telegrammstil zu begegnen.

Wir wollen doch alle diese Mode mit größtmöglichster Geschwindigkeit wieder abschaffen, oder? Allen Lesern dafür meinen tiefstgefühltesten Dank.

Tu dein Möglichstes

»Das wäre die optimalste Lösung!« rief der Volksredner, dem nie jemand zuhört. »Aber dazu fehlen ja in Deutschland die minimalsten Voraussetzungen!« Ach, mein Lieber, wenn du wüßtest, weswegen ich dir heute doch zuhöre: wegen deiner Steigerungsformen. Hast du nicht noch mehr? »Es bedarf maximalster Anstrengungen, um wenigstens die extremsten linken Gruppen unschädlich zu machen.«

Da haben wir es. Nun hat der Gute alle vier lateinischen Superlative genannt, die wir nicht noch einmal steigern sollten. Auch das Wort extrem? Ja, auch dies Wort ist eigentlich schon eine höchste Steigerungsform. Aber wer wollte etwas dagegen sagen, daß wir sie im Deutschen noch einmal steigern: extrem, extremer, am extremsten. Meinetwegen.

Mein lieber Volksredner, nun wirst du ja immer extremer. »Deutschland heißt unsere absoluteste Verpflichtung und unser totalster Anspruch.« Sag ich doch, daß du noch mehr Latein kannst. Und immer bist du in Hochform, was sage ich, in Höchstform. »Das Reich ist die idealste Erfüllung unserer vitalsten Interessen.« Bravo! Ein Lob jedenfalls dafür, daß du alles vorführst, was ich sonst selbst aufzählen müßte. Ich meine die Eigenschaftswörter, die ungesteigert am eindrucksvollsten sind. Aber ich werde dich nicht warnen, verkaufe deine Ansichten nur so schlecht wie möglich.

»Es gehört zu den fundamentalsten Voraussetzungen jeder Politik ...« Ja, was denn wohl? Sicherlich daß wir aus dem Ausland nichts mehr importieren? Richtig. »Der Autarkie kommt gerade jetzt prinzipiellste Bedeutung zu.«

Nun, bitte, noch ein Satz, in dem die Modewörter »positiv« und »negativ« gesteigert werden. Da höre ich doch was? »Zu den positivsten Hoffnungen berechtigt unsere Jugend, die mit einigen der negativsten Erscheinungen aufräumt.« Wie bestellt.

Ich muß allerdings zugeben, daß sich nichts Stichhaltiges gegen die Steigerung von »positiv« und »negativ« vorbringen läßt, außer daß Übertreibungen immer so überdreht klingen. Und vielleicht noch dies: positiv und negativ sind ja eigentlich Angaben ohne Schattierung, wie es plus und minus auch sind. Warum aber immer lateinisch, mein lieber Konservativer? Wende doch deine segensreiche Tätigkeit mal den deutschen Wörtern zu, die dir viel näherstehen. Ja, ich höre. »Das einzigste, was unserer Bewegung fehlt, ist eine erstklassigste Führungspersönlichkeit, die unsere entscheidendsten Probleme zur vollsten Befriedigung unserer Mitglieder klärt.« Na sieh mal, es geht doch auch auf deutsch, wer sagt es denn.

Die Pflege der Muttersprache ist doch für uns Nationale die ureigenste Aufgabe im wahrsten Sinne des Wortes. Also los, tu noch mal dein Möglichstes. »Nach Anregungen von verschiedensten Seiten bin ich überzeugt, daß es die hauptsächlichste, ja die ausschließlichste Aufgabe der politischen Rechten ist, die Ordnungspolitik bis ins einzelneste zu verwirklichen.«

Genau. So wird's gemacht. Endgültigst. Und noch schönen Dank für die Beispiele.

9
Vorsicht Besserwisser

HEIßE NÄCHTE

Es waren sicherlich die Werbegrafiker, die uns überhaupt erst Mut gemacht haben, grosse und kleine Buchstaben bunt zu mischen. KAUFhOF schreibt sich die Firma, die den Anfang der zweiten Silbe hervorheben wollte, leider mit einem Buchstaben aus dem kleinen Alphabet. HÖrZU macht es ja nicht anders, das kleine r passte wohl besser in den Schriftzug. Wenigen wird das auffallen, denn fast jeder Erwachsene, den man bittet, auf einer grossen Fläche in kräftigen Buchstaben ein Wort zu schreiben, wird Gelegenheit finden, Grosses und Kleines zu mischen. AbEr WiE SIEhT dAS aUS.

Es gibt sogar einen Buchstaben, bei dem zwischen gross und klein gar nicht mehr unterschieden wird. Das grosse I nämlich bekommt heutzutage fast immer einen Punkt. Man weiss nicht, warum das so ist. INITIATIVE kann man mit vier I-Punkten sehen. Welcher Architekt oder Zeichner vergisst schon die Punkte auf dem grossen I, obwohl sie da, offen gestanden, so entbehrlich sind wie Flöhe auf einem Hund. Wir Deutschen sind dabei noch halbwegs entschuldigt, weil es bei uns ja wirklich grosse Buchstaben gibt, die Punkte tragen, nämlich Ä, Ö und Ü. Aber auch in Italien, in Frankreich und anderswo haben die I inzwischen solche Punkte, wenn das ganze Wort in Grossbuchstaben geschrieben wird. Undenkbar wäre nur eine lateinische Inschrift, auf der etwa IMPERATOR einen Punkt trüge.

Die deutsche Sprache bietet noch weitere Tücken, weil wir einen Buchstaben haben, den uns keiner nachmacht: das ß. Ich wage gar nicht, Ihnen zu gestehen, dass ich eine tiefsitzende Abneigung gegen diesen Buchstaben habe. Das werden Sie nämlich sonderbar finden. Sie werden mir jedoch zugeben, dass er zwischen GROßBUCHSTABEN tatsächlich unpassend wirkt. HEIßE NÄCHTE FÜR DIE LADY heisst ein Buch, das 1977 erschienen ist. Es schreibt sich wirklich so. Und solch ein Graus kommt öfter vor, weil manch ein Grafiker vergisst, dass man auch HEISSE schreiben kann. Ja, man sollte sogar. Was sage ich: man muss.

Ach du mein Eszett! Entstanden bist du in der deutschen Schrift, heute bist du ein Findling aus grauer Vorzeit, und dazu ein hässlicher. In der Welt bist du unbekannt, auch die Schweizer haben dich abgeschafft, nur leider noch nicht aus der Welt. Die Schweizer und ich schreiben immer ss. Aber in Deutschland steht man damit auf verlorenem Posten, denn leider sind Abneigungen nicht übertragbar. Gebrauchsanleitungen aus Hongkong imitieren die deutsche Spottgeburt durch ein griechisches Beta (β). Geschieht uns recht.

Um es noch ärger zu treiben, legt uns der Duden nahe, echt englische Wörter mit diesem deutschen Dingsda zu verunzieren. Miß und Counteß sollen wir schreiben, auch Croß-Country. Warum nicht gleich Kaunteß, das wäre doch eine Nüangße deutscher. Aber ich will nicht gleich bitter werden. Und doch: Hat man uns nicht auch schon das C genommen? »Belkanto« sollen wir schreiben und »Kognak«. Zigarette und Zirkus haben wir längst hingenommen.

Wer hat unseren Schriftgelehrten bei ihrem an sich geistreichen Geschäft, die deutsche Schreibweise noch deutscher zu machen, die Vollmacht gegeben, so weit zu gehen? Noch schlimmer finde ich nur noch den Anblick von drei Ausrufezeichen. In der Hoffnung, ein Schmerz möge den anderen aufheben, schreibe ich darum nun tapfer: COUNTEß!!!

Ein neuer Rekord

Das Hotel sei »neu renoviert«, verheißt der Urlaubsprospekt. Vielen, die das lesen, gefällt das verlockende »neu renoviert« gar nicht. Das sei doppelt gemoppelt, sagen sie. »Renoviert« heiße erneuert, da wäre »neu erneuert« ja wohl zu viel. Das zähle zu den verbotenen Verdoppelungen (Pleonasmen), nur die Paradepferde »schwarzer Rappen« und »weißer Schimmel« seien noch verbotener.

Aber da bin ich gar nicht so sicher. Mir scheint sogar, der Hotelprospekt habe recht, wenn »neu« hier heißen soll, das Hotel sei in neuester Zeit renoviert worden. Wenn es so gemeint ist, dann beißt sich nichts, und nichts ist doppelt gesagt. Diese Ansicht wird meine lieben Besserwisser sicherlich überraschen, die bei »neu renoviert« bisher immer zusammengezuckt sind. Ich will gleich darauf zurückkommen.

Zuerst nenne ich noch eine Formulierung, die noch weit mehr verpönt ist: »auf neu renoviert«. Ich höre geradezu, wie mir entgegengehalten wird, das heiße nun wirklich »auf neu erneuert« und die beiden Neu seien im gleichen Sinne gemeint und damit doppelt. Und doch läßt sich auch für diesen Ausdruck etwas vorbringen. Wenn eine Altbauwohnung »auf neu renoviert« wurde, dann ist sie modernisiert und nicht restauriert worden. Mit Normfenstern und Neonlicht zog die Neuzeit ein. »Auf neu« heißt dann »auf modern«. So traurig das Ergebnis sein wird, sprachlich ist das nicht falsch, wenn auch etwas hemdsärmelig.

Nun gibt es aber wirklich auch Doppelmoppeleien mit dem Wort neu, das muß ich zugeben. Wenn nämlich »neu« in dem Sinne von »wieder« verwendet wird, neigen wir dazu, dasselbe zweimal zu sagen, indem wir unsere Aussage »noch einmal erneuern«. Das tun wir sogar oft »wieder von neuem«, so daß dieselben Fehler immer »noch mal erneut« auftreten.

Hier ist nun auch Gelegenheit, unseren Besserwissern recht zu geben, daß »neu renoviert« ein Pleonasmus sein kann, wenn es »wieder renoviert« heißen soll und doch die erste Renovierung ist. Aber dann beißt sich das »wieder« mit der Vorsilbe »re« und nicht mit dem »noviert«. Lauter Haarspaltereien! Deshalb übergehe ich nun auch schnell so schöne Beispiele wie »bereits wieder« und »wieder zurückkehren«, weil ich nichts »noch mal wiederholen« möchte.

Erwähnen muß ich aber noch die Neueröffnung. Was sollen wir von ihr halten? Ich glaube, um eine Neueröffnung handelt es sich nur, wenn ein Laden geschlossen war und wieder eröffnet wird. Und das Personal, das zur »Neueinstellung« gesucht wird? Das sind ehemalige Mitarbeiter, die man wiederhaben will.

Vielleicht geben trotzdem einige ihr »erstes Debüt«, fragen sich am Eröffnungstag: »Wer fängt als erster an?« und erinnern sich noch nach Jahren, daß sie sich an diesem Tag »zum ersten Male kennengelernt« haben.

Werbefachleute glauben, das Wort »neu« habe den zweithöchsten Reizwert, es werde nur noch von »kostenlos« überboten. Kein Wunder, daß uns überall auch das als neu angepriesen wird, was seiner Definition nach sowieso schon neu ist: der Rekord. »Neuer Rekord im Außenhandel«, das fällt uns beim Zeitunglesen gar nicht mehr auf. So mancher Journalist stellt da einen Rekord nach dem anderen auf, ohne daß dabei sein Sprachgefühl jedesmal einen neuen Tiefststand erreichen muß.

Schwergewicht

Hannes (Joe) Römling, einer der Großen im Boxgeschäft, gab unserem Reporter ein Interview. Hier ist es:

Frage: Wo liegt bei Ihnen das Schwergewicht? *Antwort:* Das Schwergewicht liegt spätestens in der siebten Runde, und zwar am Boden. Wissen Sie, unter »Schwergewicht« versteht man eine Gewichtsklasse der etwas rauheren Sportarten. Sie wollten mich wohl nach dem Schwerpunkt meines Programms fragen. Bitte!

Frage: Wo liegen bei Ihnen die Schwerpunkte? *Antwort:* Alles auf der Welt hat nur einen Schwerpunkt. Sehen Sie diesen Pokal, den ich auf einer Fingerspitze balanciere. Auch er hat nur einen Schwerpunkt, einen »Massenmittelpunkt«, wie die Physiker sagen. Mein Programm hat auch nur einen einzigen.

Frage: Und worauf legen Sie besonders viel Gewicht? *Antwort:* Sie verwenden zu Recht das Bild einer Waage. Nun, das Geschäftliche hat sicherlich auch bei mir ein natürliches Übergewicht. Um so mehr Grund habe ich, Gewicht auf die ideelle Seite zu legen, auf die Pflege des Nachwuchses.

Frage: Zweifellos eine schwergewichtige Aussage... *Antwort:* Sie meinen sicherlich eine schwerwiegende. Sie hätten auch sagen können »eine gewichtige Aussage«, aber Sie haben die beiden Möglichkeiten miteinander gekreuzt.

Frage: Was ist, bitte, vor dem nächsten Großkampftag Ihr schwerwiegendstes Problem? *Antwort:* Mein schwerwiegendstes Problem ist die Sorge, mein schwerstwiegender Athlet könnte zu viel auf die Waage bringen. Sehen Sie, diese Steigerungsformen sind nicht einfach. Aber Ihnen sind sie geglückt. In der übertragenen Bedeutung steigert man am Schluß: schwerwiegendstes Problem. Sonst steigert man den ersten Teil des Wortes: schwerstwiegender Athlet.

Frage: Wieviel Pfund bringt der Mann auf die Waage? *Antwort:* Was ein Pfund ist, weiß ich gar nicht mehr, weil ich – wie alle vernünftigen Leute auf der Welt (die Schweizer und Österreicher zählen dazu) – nur noch in Kilo denke.

Frage: Man sagt, der Star des Abends habe schon als halbes Kind mit dem Boxen angefangen. *Antwort:* Das kann ich nicht bestätigen. Er war schon ein ganzes Kind – oder noch halb ein Kind. Wie Sie wollen.

Frage: Wie man hört, sind in den letzten Tagen nur Teile Ihrer Boxer zum Training gekommen. *Antwort:* Alle, die kamen, kamen vollständig. Aber die Truppe war nicht vollzählig erschienen, das gebe ich zu.

Frage: Jetzt soll aber der überwiegendste Teil das Training aufgenommen haben. *Antwort:* Ja, der überwiegende Teil, schlicht der überwiegende.

Frage: Darf man bei Ihnen von der »größeren Hälfte« reden? *Antwort:* Ja, dagegen habe ich nichts. Und überhaupt muß man als ehemaliger Profi auch mal was wegstecken können.

Frage: Wird der Hauptkampf diesmal wieder besonders pünktlich beginnen? *Antwort:* Ich räume ein, daß wir das letzte Mal etwas zu früh begonnen haben. Wir waren also gerade nicht besonders pünktlich. Das soll sich ändern.

Frage: Das letzte Mal kamen dreimal weniger Besucher als erwartet. *Antwort:* Ich nehme an, Sie meinen, es sei nur ein Drittel gekommen. Das ist richtig.

Frage: Sie kamen damals in eine schwere Situation. *Antwort:* Ich kam in eine schwierige Situation und stehe wieder vor einer schweren Aufgabe – weil ich leider vom Boxen nicht so viel verstehe wie von unserer Muttersprache.

Besorgen Sie sich?

Der Arzt fragte mich, ob ich Sport *be*treibe, und ich hätte am liebsten geantwortet, daß ich keinen »treibe«, denn ich wollte dem Doktor schon lange mal sagen, er benutze die Vorsilbe »be-« auch da, wo sie nicht nötig sei. »Betreiben Sie Sport?« wiederholte er, und ich nahm mir vor, ihm mit einem ebenso unnötigen »ver-« alles heimzuzahlen. Darum sagte ich, Sport könne ich in meinem Leben gut vermissen. »Kein Wunder, daß Sie sich wegen Ihrer Gesundheit *be*sorgen«, brummte er, während ich dem entgegenhielt, ich hätte eigentlich nichts Schlimmes zu vermelden.

»Sport könnte Ihre Gesundheit entscheidend *be*kräftigen«, mußte ich hören und sagte, für mich verlohne aber die Anstrengung nicht. Er blieb dabei: »Sport würde auch Ihre ganze Erscheinung *be*festigen.« Das brachte mich zu dem Geständnis, daß ich tatsächlich Süßigkeiten für zwei verkonsumierte.

»Ich möchte auch *be*schwören, daß Sie Übergewicht haben«, triumphierte darauf der Mediziner. Die Waage zeigte jedoch ein Gewicht, von dem ich hoffte, es könne so verbleiben. Der Arzt sah das aber anders: »Ein bißchen *be*schämen sollten Sie sich doch.«

Ich konnte das nicht ganz verleugnen. »Am besten ist es, Sie *be*gründeten einen Verein mit anderen, die abnehmen wollen«, riet er mir. Aber ich wollte mich nicht vermahnen lassen.

Da blickte er mich listig an und sagte: »Glauben Sie ja nicht, ich merkte nicht, wie Sie mich auf den Arm nehmen mit Ihrer Vorsilbe. Aber gut, ich schlage Ihnen eine Wette vor. Ich verwette mein Honorar, daß Sie nicht in der Lage sind, auf mein liebes ›*be*-‹ immer mit einem ebenso falschen ›ver-‹ zu antworten.« Ich mußte darauf eingehen, und er überlegte nicht lange. »Sie wollen also auf Ihrem ungesunden Standpunkt *be*stehen bleiben?«

Mir blieb nichts anderes übrig, als zu antworten, ich vermeinte immer noch, mein Gewicht sei nicht gefährlich. »Diese Leichtfertigkeit kann ich nicht gut *be*finden«, sagte er und sah mich gespannt an. Ich murmelte möglichst gleichgültig, irgendwann müßten wir ja alle mal versterben. »Aha«, meinte er, »Sie scheinen sich ja gar nicht zu *be*fürchten.« Damit hatte er mich wirklich in Verlegenheit gebracht, und ich begann, mich zu ängstigen. Da fiel mir ein, ich könne ja meine Furchtlosigkeit als Pluspunkt verbuchen. »Sie sollten sich mehr um Ihre Gesundheit *be*kümmern«, tadelte er mich, und ich entgegnete nach langer Pause, er wolle mir wohl gar keine Lebensfreude vergönnen. Seine Anerkennung stieg offensichtlich, denn noch war die Wette offen.

»Soll ich Ihnen die Gründe, die für meine Diät sprechen, noch mal *be*nennen?« fragte er, und ich sagte schnell, ich wolle das Zeug nicht noch einmal verkosten. »Die Chance, schlank zu werden, sollten Sie unbedingt *be*nutzen«, riet er mir. Zum Teufel, was sollte ich antworten. Er wolle meine Lebensfreude vermindern, fiel mir gerade noch ein, als ich schon aufgeben wollte. »Sie wollen also wirklich Ihr Gewicht so *be*lassen?« forschte er. Ich könne, sagte ich, mich über die Fülle seiner Beispiele nur verwundern. »Ich sehe schon«, stöhnte er, »Sie wollen mir heute kein Honorar *be*zahlen.« Da hatte er mich erwischt. Mein Vorrat war zu Ende. Ich hatte verloren.

Er zwinkerte mir zu mit den Worten: »Sie verstehen sich aber wirklich darauf, meine Sprachkenntnisse zu *be*fördern.«

Einsichtige Gründe

Einsichtige Gründe – so etwas gebe es gar nicht, versichern uns die Besserwisser. Breitbeinig tun sie das und mit dicken Backen. Ha, wie sollten denn Gründe einsichtig sein, sie seien höchstens einsehbar; nur Menschen könnten einsichtig sein.

Ob wir ihnen das glauben sollen? Ich jedenfalls bin hier gar nicht einsichtig und will versuchen, diese unerschütterlichen Sprachpäpste einmal zu verunsichern. Hat jemand gute Ohren, so nennen wir ihn hellhörig – wie auch die meisten unserer Häuser zu nennen sind (vor hundert Jahren hießen sie noch »hörsam«). Kurzsichtige tragen eine Brille – eine »kurzsichtige Brille«. Recht so.

Sowohl von Menschen wie auch von Sachen sagen wir, sie seien unvergeßlich. Das Gegenteil davon heißt jedoch nicht immer »vergeßlich«; vergeßlich können wirklich nur Menschen sein. »Gesund« hingegen nennen wir sowohl Menschen wie Dinge; das Gegenteil heißt bei Speisen »ungesund«, bei Menschen »krank«. Es ist verwirrend, aber man steigt noch durch. Schlechte Ausreden nennt man »durchsichtig«. Warum sollen dann nicht gute Gründe »einsichtig« genannt werden?

Unsere Besserwisser werden nun allerdings sagen, ich sei in sprachlichen Dingen zu gleichgültig. Darauf kann ich nur erwidern: Im Gegenteil, gleichgültig sind viele sprachliche Regelungen! Wären sie jedoch »gültig«, so könnte man das wiederum nur von den Regeln sagen.

Vor allem im Geschäftsleben wimmelt es von vermenschlichten Sachen, wie dieser von mir erdachte Geschäftsbericht erweisen soll: »Ein ehrgeiziges Projekt, das zunächst eine ängstliche Sache zu werden schien und in manche verzweifelte Lage geriet, kam nach bescheidenen Anfängen durch weitsichtige Planung zu stolzen Ergebnissen und befindet sich in zuversichtlicher Entwicklung, die noch in schwindelnde Höhen führen kann, wie eine vertrauliche Mitteilung mit nüchternen Zahlen belegt.«

Nun, meine lieben Sprachfreunde und Besserwisser, sind das nicht genug einsichtige Beweise? Sie wollen noch mehr? Denken Sie doch nur an die Werbung, die nichts unversucht läßt, uns Sachen wie menschliche Wesen anzudienen: Ein Kleid wird jugendlich genannt, ein Pulli praktisch, Stoffe sind dankbar, und das Material ist (haut)freundlich. Überzeugt Sie das nicht?

Es gibt allerdings auch Zweifelsfälle. Wenn wir einen Entschluß als »klug« bezeichnen, dürfen wir dann auch Maßnahmen »verantwortlich« nennen? Kann eine Reaktion beleidigt sein, ein Protest empört? Darf man von jubelnder Begeisterung sprechen und von einem entsetzten Schrei? Und das »weibliche Porträt«? Ist das weiblich?

Das freudige Ereignis will ich noch durchgehen lassen, auch die ärgerlichen Kleinigkeiten. Bedenken aber habe ich beim »nachdenklichen Vorfall«. Sie verstehen. Ebensowenig sollte man von einem »bedenklichen Menschen« sprechen, nur weil er einige Bedenken hat. Ganz verwirrt bin ich durch die »sitzenden Berufe«, und ratlos stehe ich vor dem Buchtitel »Die unbefriedigte Antwort«.

In einer Autoreklame wurden uns »ermüdungsfreie Sitzpolster« angepriesen. Wahrscheinlich waren sie »staunend billig«. Vorstellen kann ich mir auch keine »schnelle Ablage« und erst recht keine »treffsichere Zielscheibe«. Um so bekannter sind mir treffsichere Glossen. Klar, die mit den einsichtigen Beispielen.

»Fußwanderung, daß ich nicht lache!« rief die freundliche Dame vom Alpenverein und wollte nur »Wanderung« gelten lassen, da man sowieso nur mit den Füßen wandern könne. Leider habe man aber, sagte ich, vor Jahrzehnten die Radwanderung erfunden, und seitdem müsse man von einer Fußwanderung sprechen dürfen. Auch an der »Zeituhr«, die manchen Menschen so komisch vorkommt, sind die Erfinder der Wasseruhr schuld, am »Endergebnis« die Leute, die uns immer mit Zwischenergebnissen füttern.

»Aber gegen den Augenoptiker, gegen den Kriegsveteranen und den Bohnenkaffee haben Sie doch auch etwas?« forschte meine Sprach- und Wanderfreundin. Ich widersprach. Es gibt Optiker, die sich nicht um die Sehkraft der Augen kümmern, es gibt Boxveteranen und Malzkaffee. Alles nicht zu ändern. Auch bei Zitronenlimonade plädiere ich für Milde, ebenso bei der Wohnsiedlung, die ihren Sinn hat, seit man auch Industrie ansiedelt.

»Wollen Sie denn auch die Zivilbevölkerung und den Amtskollegen gelten lassen?« fragte sie. Wenn man die Soldaten netterweise auch zur Bevölkerung rechnet, muß man von ihnen die Zivilbevölkerung unterscheiden. Und der Amtskollege ist eben derjenige unter den vielen Kollegen, der genau das gleiche Amt hat. Aber ich muß zugeben, es würde auch mir reichen, wenn es in den Nachrichten hieße, Genscher habe seinen britischen Kollegen besucht.

»Dann werden Sie mir auch zubilligen, ärgerlich zu werden über die Vorbedingungen und Vorausbedingungen, die heute bei jeder Verhandlung gestellt werden«, sagte unsere Alpen- und Sprachfreundin. Es wurde mir sauer, aus Höflichkeit zu nicken, denn ich finde diese Ausdrücke gar nicht so schlecht für Bedingungen, die erfüllt sein sollen, bevor man sich an den Verhandlungstisch setzt. Auch Vorahnungen muß man gelten lassen und (sprachlich wenigstens) die Vorzensur, denn es gibt auch eine Nachzensur. Nur mit der Vorwarnung, sagte ich, könne ich mich nicht abfinden, weil eine ordentliche Warnung immer vorher ausgesprochen werden sollte.

»Und was halten Sie von: Rückantwort, Rückerstattung und Rückerinnerung?« bohrte sie weiter. Da sind wir sprachempfindlichen Zeitgenossen uns einig. Nur das Rückporto lassen wir gelten. Ich kramte in meinem Gedächtnis und bot auch eine kleine Sammlung an: Inneneinrichtung, Innenausstattung und Innenfutter.

»Auch über den Bedeutungsgehalt von Bauchnabel, Haarfrisur und Gratisgeschenk kann ich kein Stillschweigen bewahren«, sagte meine Besserwisserin. Sie wartete listig, ob ich die eingestreuten Wörter »Bedeutungsgehalt« und »Stillschweigen« auch schon entlarvt hätte. Aber ich überging das.

Beispiele wie Volksdemokratie und Glasvitrine, Fußpedal und Mastpoularde, Quertraverse und Mitkonkurrenten mochte ich ihr gar nicht anbieten; mit so was handeln Fachleute nicht untereinander. »Diese Herabminderung der Sprache«, sagte ich nur, »ist ein Leidensmartyrium, das schlechte Zukunftsaussichten eröffnet. Die beste Behandlungstherapie wäre wohl eine Eigeninitiative aller Dienstvorgesetzten.« Ich seufzte und drängte zur Tür. Sie hielt mich mit dem Satz fest: »Es gehört zu meinen Grundprinzipien, daß ich letzten Endes alle Einzelbeispiele in meiner Privatwohnung ohne Zeitverzögerung notiere.«

Sie war damit ohne Vorankündigung zu ihrem Schlußfazit gekommen, und so machten wir schlußendlich endlich Schluß.

Unkosten

Nun schriebe ich schon so lange als Hoch- und Deutschmeister, aber die häufigsten Sprachsünden hätte ich noch gar nicht gebrandmarkt, meinen Sie. Stimmt's? Aufmerksame Leser mögen sogar die alte Regel vermißt haben

»Wer brauchen ohne zu gebraucht, braucht brauchen überhaupt nicht zu gebrauchen«. Es gibt wohl keine Regel, gegen die in der Umgangssprache öfter verstoßen wird, und keine, mit der uns selbsternannte Sprachverbesserer häufiger lästig fallen.

Wir alle kennen diesen besonderen Menschenschlag, diese verhinderten Schulmeister, die keine Gelegenheit auslassen, ihren Mitmenschen über den Mund zu fahren. Da braucht man nur ein Wörtchen vergessen, schon ruft solch ein Pedant »*zu* vergessen!« Was machen wir mit solch einem Zeitgenossen? Ich schlage vor, ihn nicht so ernst zu nehmen, wie er das erwartet. Wir brauchen uns von ihm nicht alles gefallen lassen. Und das sollten wir ihm antworten:

Früher gehörte »brauchen« zu den richtigen Zeitwörtern; und sie alle ziehen eben jenes »zu« nach sich. Man sagt »ich rate euch, morgen nicht *zu* kommen« oder »es steht euch frei, morgen nicht *zu* kommen« und in diesem Sinne »ihr braucht morgen nicht *zu* kommen«. Heute empfinden viele von uns »brauchen« als Modalverb wie: können, müssen, dürfen, mögen oder sollen. Daher sagt man »Ihr könnt/müßt/mögt/sollt/ braucht nicht kommen« – alles ohne »zu«. Die Wandlung von »brauchen« zum Modalverb zeigt sich auch in anderen Angleichungen an diese Wörter.

Wie wir »brauchen« verwenden, das brauchen wir uns also von niemandem vorschreiben (zu) lassen. Sogar der ›Duden‹ hat für uns Verständnis. Der ist auch gar nicht so altmodisch, wie man manchmal denkt. Fachleute der Sprache sind überhaupt großzügiger als die meisten selbsternannten Zensoren. Laien pochen oft noch darauf, es heißt »mich friert« (statt: ich friere), man werde in eine Anstalt »über*ge*führt« (statt: überführt), oder ein unausgeschlafener Mensch sehe »übernächtig« aus (statt: übernächtigt, wie allgemein üblich). Das sind alles überholte Besserwissereien.

Längst hat der Volksmund auch entschieden, was Rauchwaren sind (nämlich Tabakwaren), und der Duden gibt seinen Segen drein. Nicht anders bei der Untiefe, die nun mal für Landratten eine tiefe Stelle im Wasser ist, für

Seeleute aber eine flache. Kein Grund, Landratten zu verbessern. Und damit komme ich zu meinem Paradebeispiel für Besserwisserei. Über das Wort »Unkosten« ärgern sich bei uns Tausende täglich. Sie glauben nämlich, das Wort sei falsch konstruiert, weil »un-« immer verneine. Das stimmt aber nicht, wie andere Wörter zeigen: Untier, Untat, Unwetter, Unsumme oder Unmenge. Gewiß, in der Industrie und im Handel gibt es nur Kosten. Ein Verein aber hat Unkosten, und auch ein Gastgeber hat sich keineswegs in Kosten gestürzt, sondern in Unkosten. So ist das. Ja, ihr lieben Besserwisser, nun habt Ihr einen Anlaß weniger, euren Mitmenschen auf die Nerven zu gehen.

Neue Anlässe zum Ärgern wachsen jedoch leider nach. So schmerzt es Hunderttausende von uns, wenn »realisieren« im Sinne von »erkennen« verwendet wird. Andere stoßen sich an Floskeln wie »ich gehe davon aus« oder »ich würde meinen«. Ich meine, Sprache sollte eine Quelle des Vergnügens sein. Auch sollte man seine Mitmenschen gewähren lassen. Wer sich ärgert, ärgert immer nur sich.

Spitzfinder als Gesetzgeber

Hochbepackt stand der deutsche Michel, während ihn die Mitglieder des »Sprachvereins deutscher Spitzfinder« anläßlich ihrer Jahrestagung umgaben. Die Mitglieder waren mit ihrem Michel unzufrieden. Zum Beispiel das große Paket mit der Aufschrift »scheinbar oder anscheinend« rutschte ihm immer vom Buckel; auch an die schwere Bürde »dasselbe oder das gleiche« hatte er sich seit ihrer Erfindung vor hundert Jahren nicht gewöhnen können. Die Last von »Worte oder Wörter« drückte ihn arg, es war ein Bild des Jammers.

»Wir müssen dem deutschen Michel noch mehr auferlegen«, sagte der Vorsitzende, »dann wird er schon elegant zu gehen lernen.« Der kleine Mann mit der Zipfelmütze zuckte zusammen, aber die Spitzfinder waren begeistert. Da trat Dolf St. vor und verlangte energisch, daß dem deutschen Volke die Unterscheidung von »ehemalig« und »früher« aufzuzwingen sei. Die anderen Mitglieder waren verwundert, aber er erklärte, es heiße: »die ehemalige Kaiserpfalz«, aber »der frühere Botschafter«, denn jenes sei urlange her, dies aber erst kurz. »Diese Unterscheidung habe ich schon vor Jahren eingeführt, aber sie wird immer noch nicht überall befolgt«, sagte er, und alle verneigten sich.

Da wollte der Publizist Hans W. nicht zurückstehen: »Wir müssen endlich vorschreiben, daß es einen Unterschied macht, ob man etwas zweifach oder doppelt besitzt.« Die Umstehenden erfuhren, daß man zum Beispiel Goethes ›Faust‹ zweifach hat, wenn es sich um verschiedene Ausgaben handelt; »doppelt«, wenn es zweimal die gleiche Ausgabe ist. »Hurra!« riefen die Spitzfinder. Und was die Publizisten erfanden, schrieben die Lehrer eifrig mit.

»Was schneidet der Friseur?« fragte Edith H., diese sonst so gescheite Frau, und antwortete selber: »Er schneidet das Haar und nicht die Haare, sonst hätte er ja viel zu tun.« Man lachte. Nur eine Frau aus Ohlsdorf fiel vor den Vereinsmitgliedern auf die Knie und sagte unter Tränen, sie traue sich schon gar keinen deutschen Satz mehr zu sprechen. Aber die Damen und Herren zuckten nur mit den Schultern.

»Wir brauchen mehr Vorschriften, denn die Deutschen wollen es so«, sagte der Schriftführer und erbat weitere Gesetze. Da trat Dieter B. auf, ein besonders gelehrter Haarspalter im Dudenformat, und erklärte freudestrahlend: »Ich habe die Unterscheidung von mindestens und wenigstens erfunden. Zwar verstehe ich sie selber nicht, aber es wäre doch gelacht, wenn wir das nicht durchsetzen könnten.« Er warf das Paket zu den anderen, ganz oben auf. Und der Michel hielt still.

»Es gibt so viel zu bereinigen«, sagte seufzend Wolfgang M., der schon vergebens ein ganzes Buch zu dem Thema geschrieben hatte. »Maßgeblich und maßgebend«

seien immer noch nicht voneinander geschieden, auch »liebenswert und liebenswürdig« verlangten danach, voneinander abgegrenzt zu werden.

Dem deutschen Michel sträubte sich das Haar, sein Hirn vernebelte sich (oder war es sein Gehirn?). Er beschloß, nicht länger mehr vorschriftsmäßig (oder vorschriftsgemäß?) dazustehen. Ein kurzes Schütteln – und alle Lasten fielen von ihm ab. Denn: Was alle angeht, muß von allen entschieden werden. Na, Ihr Sprachpfleger, das findet Ihr doch auch?

10
Wörter machen Geschichten

Welscher Tand

Seine Visage wirkte blasiert und arrogant, der ganze Typ war manieriert und affektiert. (Er war ein Deutscher, aber wenn wir uns abfällig äußern wollen, greifen wir zu französischen Wörtern.) Banal, ordinär und borniert war dieser Ignorant, dieser mondäne, parfümierte und doch raffinierte Filou. Auf deutsch gesagt, er war ein Ekel. Aber wer sagt es denn auf deutsch? Mir tun die Franzosen leid, von denen wir vor allem die unschönen Wörter übernommen haben. Sogar aus guten Wörtern (z. B. Visage) haben wir Schimpfwörter gemacht.

Wollen wir uns über ein Unglück lustig machen, so nennen wir es ein Malheur, eine Malaise oder sprechen von Kalamitäten. Diese Wörter bezeichnen im Französischen wirkliches Unglück, bei uns aber sind sie in ironischem Gebrauch. Die Courage kann sich nicht mit dem deutschen Mut messen, die Blamage (die es auf französisch gar nicht gibt) nicht mit der Schande, die Revanche nicht mit der Rache und das Prestige nicht mit unserer Ehre. Den deutschen Wörtern ist die echte, die ernste Bedeutung vorbehalten. Wer auf seine Reputation achtet und über einen Affront indigniert ist, wird bei uns nicht ganz ernst genommen. Wegen eines (deutschen) Fehlers muß man sich schämen, bei einem (französischen) Fauxpas nur genieren. Ein deutsches Lob ist immer willkommener als alle französischen Komplimente. So ist das. Man könnte darüber ganz malade werden.

Den welschen Tand hat man uns ausgetrieben und hat dem alten Erbfeind keinen würdigen Platz gelassen. »Regime« ist ein Schimpfwort geworden wie »Bourgeois«. Eine Affäre ist bei uns so häßlich wie eine Kampagne, obwohl auch diese Wörter ursprünglich einen guten Sinn haben. Cliquen schmieden Komplotts, ihre Komplicen landen einen Coup, deren Konsorten spinnen Intrigen, und ihre Agenten kennen auch nur Schikanen. Es werden Sanktionen und Repressalien verhängt, und jeder verhilft seinem Protegé mit allen Finessen zu einer Karriere.

Die finsteren Mächte tun hier alles scheinbar am liebsten auf französisch: Sie agitieren und kollaborieren, sie konspirieren und kaschieren, sie düpieren und desavouieren. Und auch wenn sie nur arrangieren und reglementieren, paktieren und fraternisieren, hat das bei uns einen bösen Beigeschmack. Die Presse schimpft man eine Journaille (heißt: Tagesarbeit), und die Zeitungen nennt man Gazetten, wenn man sie kränken will.

Das Französische ist auch gerade gut genug, die Halbwelt (Demimonde) zu beschreiben, weil diese Wörter alle Hautgoût haben. Die Mätresse und der Bonvivant sitzen beim Rendezvous im Salon des Etablissements, die Kokotte mit dem Gourmand im Chambre séparée des Kabaretts. Er ist ein Hasardeur mit Brillantine, sie zeigt Dessous und Dekolleté. Sie animiert ihn, er macht ihr Avancen. Er liebt dies Milieu zwischen Revue und Massage, da paßt es, daß ihr Metier das Amüsement ist. Sollte das alles Inbegriff des französischen »Savoir vivre« sein?

Als die deutschnationalen Sprachreiniger einst darangingen, uns das französische Fremdwort auszutreiben, haben sie es in ihrer Infamie dort stehenlassen, wo es dem Nachbarn jenseits des Rheins nur schaden konnte. Zwar achten und lieben wir die Franzosen, seit es die Bundesrepublik gibt, aber seither ist leider kein neues Wort von ihnen bei uns heimisch geworden.

Die Engländer mochten wir schon immer. Von ihnen nahmen wir so schöne Worte wie »fair play« und »common sense«. Vive la France!

»Ich bin vor *einigen* zwanzig Jahren in die Staaten emigriert«, sagte der Herr mit dem US-Akzent zu mir, »aber ich wollte in 88 zurückkommen, um eine gute Freundin zu *sehen;* sie war *von* München und sehr nah *zu* meinem Herzen. Aber soweit *als* ich weiß, lebt sie nicht mehr hier. Ich bin hergekommen, um ihre Adresse zu *finden*, aber leider ohne Resultate.«

Der ältere Herr war sehr liebenswürdig. Er sprach genau das Deutsch, das wir Deutschen uns – ohne sein Zutun – angewöhnt haben, seit wir von halbreifen Übersetzungen umgeben sind. »Lassen Sie uns einen Drink *haben*«, sagte er und zog mich an die Bar, »es ist ein *Erstklaßhotel* an einem der schönsten *Plätze* der Welt, und ich bin *für* mehr als zehn Jahre nicht mehr in Europa gewesen, ein Grund zum Feiern. Viele sind damals nach *Weltkrieg II* in die Staaten gegangen, aber *alle von uns* sprechen Deutsch, *wo immer* wir eine Chance haben. Oder habe ich mein Deutsch vergessen? *Ich habe nicht.*«

Ich mußte daran denken, wie vertraut uns diese Amerikanismen sind, kennen wir sie doch aus kaum synchronisierten Western ebenso wie aus den Berichten unserer Korrespondenten. *In* anderen Worten, man weiß selbst nicht mehr, wie man eigentlich *in* gut Deutsch sagt.

»Ich trinke auf das alte Jahr«, sagte der Amerikaner, »bitte *helfen Sie sich selbst*, ich trinke langsam, aber das *meint* nichts. Wissen Sie, ich habe immer härter gearbeitet als andere, und ich habe viel Geld *gemacht.* Aber es *nahm* über zehn Jahre, bis ich selbständig war. Wissen Sie, es *gibt* mir tiefe Befriedigung. Bei meinem ersten Job drüben haben sie immer gesagt, ich würde ein Verlierer sein. Aber ich *war* schließlich ein Erfolg. Ich hatte die *brandneuen* Ideen, und ich wußte, wie man sie *verkauft.* So *nahm* ich meine Chance, die sie mir nicht gegeben hatten.«

Er trank bedächtig und wandte sich mir wieder zu. »1988 war mein *feinstes* Jahr. Man muß durchhalten. Man darf nicht nachgeben wie Präsident Reagan. Er ist für mich *nicht länger* mehr die *Nummer eins.* Am Anfang sagten sie von ihm, er würde ein *anderer* Lincoln sein. Es war in 80, ich glaube der 15. August, *daß* ich ihn während seiner Kampagne traf. Wir *hatten* ein kurzes Gespräch *zusammen.* Er hat Charisma, *was immer* das heißen mag. Aber er war auch der *bestgemanagte* Kandidat, der immer *gemacht* worden ist. In 1988 war ich dann enttäuscht von der Reagan-*Administration.* Hat er nur ein Versprechen gehalten? Er hat nicht.« Ich blickte ungläubig und fragte: »Können Sie ein Beispiel nennen?« Er überlegte nicht lange. »Ich *gebe* Ihnen ein Beispiel: sein SDI-Programm. Hier zeigt er *einmal mehr,* daß er nicht kämpft. Und Start? *Vergiß es!*«

Ich wollte wissen, ob Bush es nicht noch schaffen könne. »*Das hängt davon ab*«, sagte mein Gegenüber, »ich glaube nicht, daß er es in 1988 *machen* wird, wie ich es sehe. Er müßte kämpfen und versuchen, *das Beste daraus zu machen,* sonst *macht* es keinen Sinn.«

Leider hatte ich es eilig. »*Haben Sie eine gute Zeit!*« rief ich noch, »schade, und guten Rutsch!« Er blieb gelassen. »Macht nichts, ich habe noch zu lesen.« Er zog ein dickes Heft hervor. »Eine alte *Kopie* vom ›Stern‹, mein favorite reading. See you later.«

Salopp und miserabel

Was »hantieren« heißt, weiß jedes Kind, sobald es selbst hantieren kann. Nur wundert es sich später in der Schule, daß man Hand und handhaben mit »d« schreibt, hantieren aber mit »t«. Muß das sein? Ja, leider, denn die Franzosen, die Erfinder des Wortes, sehen da keine Hand im Spiel. Für sie heißt »hanter«: oft besuchen. Als das Wort nach Deutschland kam, hieß es noch »handeln, kaufen, ein Gewerbe betreiben«. Aber dann gewann die darin anklingende Hand doch die Oberhand. Wir wollen es nicht mehr ändern.

Oder sind Sie doch irritiert? Sind Sie gar »irretiert«? Sie sollten sich von mir nicht irremachen lassen. Auch »irritieren« ist im Deutschen ein Chamäleon. Ursprünglich hieß es auch bei uns (wie schon im Lateinischen): reizen, ärgern. Aber dann hörten wir doch nur noch »irremachen« heraus und ließen uns in dieser Meinung nicht mehr irritieren. Das mag etwas irreal sein, ist aber auch irrelevant. Lassen wir es bei der neuen Bedeutung.

Die großen Stars »umgibt« bei uns ein Flair. Das klingt gut, nur schade, daß man in anderen Sprachen sagen würde, sie »hätten« ein Flair. Wir haben in dem Wort wohl eine gelungene Kreuzung von Air und Fluidum gesehen. Air heißt: Aussehen, Haltung. Es könnte Stars auszeichnen. Und ein Fluidum könnte sie umgeben: der flüchtige Hauch des Gesamteindrucks. Aber Flair? Das war das Gespür für etwas, ein »Feeling« würde man heute sagen. Man hat es oder hat es nicht. Und meinetwegen kann es einen Star auch umgeben.

Gekreuzt haben wir auch die allseits bekömmliche Diät (von griechisch »diaita«, die Lebensweise) mit den Tagegeldern der Abgeordneten, die eigentlich »Dieten« heißen (von lateinisch »dieta«, Tagelohn). Herausgekommen sind dabei die Diäten. Inzwischen sind die wohl deshalb so fett geworden, weil die Politiker davon ihre Diät bezahlen müssen.

Gelegenheit zur Verwechslung bietet sich auch, seit Studenten im vorigen Jahrhundert aus dem lateinischen fixus (fest) das deutsche fix (schnell) entwickelt haben. Zwischenstation war wohl die Wendung »fix und fertig«, die zu »fix fertig« umgedeutet wurde. So wissen heute viele von uns nicht mehr so genau, ob fixe Ideen, an denen man leiden kann, eigentlich Ideen sind, die fix kommen und gehen, oder solche, die ziemlich fest sitzen. (Das letzte ist richtig.) Auch ein Jour fixe ist ja nicht ein Tag, der schnell vorübergeht, so wenig wie die Fixsterne sich beeilen.

Was ein Attentäter ist, wissen hingegen alle. Es ist der einzige Täter, dessen Tat sächlich ist: »das« Attentat. Die Lösung ist, daß der Berliner Volksmund im Jahre 1844 zum französischen Fremdwort Attentat, das man als Atten-Tat verstand, den Atten-Täter einfach hinzuerfand.

Mies oder miserabel? Nun, miserabel hat jedenfalls die Bedeutung von »mies« angenommen, obwohl es ursprünglich nur »mitleiderregend« heißt. Nicht ohne Raffinesse! Oder etwa nicht?

Das Wort Raffinesse ist ebenfalls eine rein deutsche Produktion, eine Mischung aus raffinement und finesse. So was macht uns keiner nach, ganz salopp machen wir das. »Salopp«, ist das nicht auch wieder ein faules Ei? Ei, freilich. Und ob! Salopp ist bei uns einer, der (hoppla!) ganz ungezwungen tut. Auf echt französisch heißt salope aber: schmutzig, schmierig.

Pech für uns.

Querulant und Querkopf

Es war einmal ein Mensch, der für die kurzatmige Unruhe unserer Zeit einen treffenden Ausdruck suchte. Das ewige Hickhack, dachte er, führe doch zu einer allgemeinen Hetze, die uns hecheln läßt. Wie soll man diese Hetze nennen? Der Mensch nannte sie *Hektik*. Und alle Zeitgenossen verstanden, was er damit bezeichnen wollte. Ein Schlagwort war geboren. Hetze, Hickhack, hecheln, das ergibt: Hektik. Der einzige Schönheitsfehler an dieser Wortschöpfung ist, daß seit langem das Fieber des Schwindsüchtigen »Hektik« genannt wird. Das Wort geht sprachlich zurück auf ein griechisches Wort, das ausgerechnet »beständig« heißt, also etwa das Gegenteil unserer heutigen Hektik. Wörter haben ihre Schicksale.

Ein anderer medizinischer Ausdruck, die *Virulenz*, hat sich ebenfalls selbständig gemacht. Ich glaube, daß man heute das Wort meist so verwendet, als sei es eine Mischung aus Virilität (Männlichkeit) und Potenz und hieße etwa »gefährliches Durchsetzungsvermögen«. Aber Sie werden schon erraten haben, daß es damit nichts zu tun hat. Virulentia ist im Lateinischen der Gestank; das »virus« (Gift) ist damit verwandt. Als man einen Krankheitserreger »das Virus« nannte, bekam Virulenz die Bedeutung: Ansteckungsfähigkeit.

Beim Raten, was ein *Querulant* sein könnte, haben wir noch mehr Glück gehabt. Wir haben ihn uns als Querkopf zurechtgelegt und es ziemlich gut getroffen. Genaugenommen ist der Querulant ein Nörgler (von lateinisch queri, klagen). Aber das deutsche »quer«, obwohl nicht verwandt, paßt doch ganz gut. So wurden auch aus den Querelen auf deutsch Quertreibereien, aus bloßen Klagen also eine Art Sabotage. Manche von uns hören auch »quengeln« heraus, ein altes deutsches Wort, das »drükken« heißt. Ein Querulant quengelt – warum nicht.

Auch für die *Machinationen* des Querulanten haben wir eine Verständnishilfe geschaffen. Für uns sind das nämlich Machenschaften. Wieder haben wir Glück gehabt. Zwar sind die Machinationen von der Mechanik und der Maschine abgeleitet (und nicht vom Machen), aber gemeint waren immer: Anschläge, Drahtziehereien.

Unser Quertreiber muß sich vielleicht als *»notorischer* Querulant« beschimpfen lassen. Man hält ihn also für unverbesserlich, für nicht zu bremsen. Hier hat wohl »motorisch« abgefärbt, es mag auch »notwendig« mitklingen. Ursprünglich jedoch hieß »notorisch« nur »bekannt«. In der Zusammensetzung »gerichtsnotorisch« ist die Bedeutung noch bewahrt.

Würde man jemanden als notorischen Lügner bezeichnen, so wäre das ein eindeutiges *Verdikt.* Darunter verstehen wir eine Verurteilung, eine Verwerfung oder ein Verbot. In der Tat sieht die erste Silbe sehr deutsch aus. Das Wort stammt aber vom lateinischen »vere dictum«, dem Wahrspruch, der auch ein Freispruch sein kann.

Mal ist eben solche Eindeutschung stringent, mal abstrus. Bei »stringent« ist sie übrigens stringent, bei »abstrus« hingegen abstrus. Bei *stringent* nämlich hören wir »streng« heraus, was insofern paßt, als stringent »bündig, knapp« heißt. Anders ist es bei *abstrus.* Das verwenden unsere Intellektuellen, wenn sie »absurd« meinen, aber anklingen lassen wollen, es handele sich in dem Fall um besonderen Stuß und Schmus. Zusammengezogen: abstrus.

Das heißt jedoch nur »tief verborgen«. Die Bedeutung von abstrus ist wohl meist abstrus.

Heruntergekommene Wörter

Im Wartesaal zweiter Klasse saßen einige Gestalten zusammen, die alle aus dem Gotha der höchsten Begriffe zu stammen schienen. Eine dieser heruntergekommenen Sprachgestalten gab zu erkennen, daß sie die Philosophie sei und somit einmal bessere Tage gesehen habe. Heute sage ja jeder blasierte Manager, er habe seine eigene Verkaufsphilosophie; und die Nato ändere jedes Jahr ihre Sicherheitsphilosophie. Es sei zum Weinen.

»Rücken Sie mal eine Idee«, wandte sie sich an ihre Nachbarin, die aber entsetzt zurückgab: »Woher wissen Sie, daß ich die Idee bin, die Idee eines Platon, eines Kant; und nun kränken Sie mich damit, daß ich mal eine Idee rücken soll.«

»Auch ich stamme aus dem Hochadel der Begriffe«, äußerte sich ein bleiches Individuum, das sich als das Gefühl vorstellte. Heute habe man Gefühle vor allem als »völlig neues Sitzgefühl« oder morgens vor dem Spiegel als Rasiergefühl. Man sah förmlich, wie dem Adelssproß selbst die Gefühle durchgingen, als er diese Erniedrigungen zitierte. Er kuschelte sich in seinen zerschlissenen Zobelkragen und gab vor, seinen Moralischen zu haben.

»Die Moral ist auch anwesend«, sagte die Philosophie und zeigte auf eine uralte Frau, die jedesmal zusammenzuckte, wenn man von einem Moralischen oder gar der Arbeitsmoral sprach. »Ich galt einmal etwas«, sagte sie bitter, »aber als man die Kampfmoral erfand, ging es mit mir bergab.«

Eine weitere Elendsgestalt betrat den Wartesaal, auch bei ihr ließen die feinen Züge auf gute Erziehung schließen. »Aha«, triumphierte das Gefühl, »auch das Denken hat zu uns gefunden.« – »Ja, ja«, murmelte der neue Gast,

»solche Schludereien wie das Wunschdenken oder das Anspruchsdenken haben mich zum Proletariat werden lassen, mich, der ich einst Genies schmückte.« – »Bei mir war es der Verfassungsschutz, der mich an den Bettelstab brachte«, seufzte die Erkenntnis, eine kluge Frau, die über Nacht ergraut war. »Seit die Geheimdienstler nur noch Erkenntnisse sammeln, bin ich bei der Wissenschaft in Verruf geraten.«

Ein edel blickender Jüngling nickte innig und bezeichnete sich als Opfer der V-Leute, die ihn, das Vertrauen, in ihr Zwielicht gezogen und zum Milchbruder des Verdachts gemacht hätten.

Da öffnete sich die Tür und ein auffallend gekleideter Geck schob seinen Kopf herein. Er lachte. Jeder erkannte in ihm die Kraft, die früher nur als Hilfskraft bekannt war, die es jetzt aber zu Wörtern wie Führungskraft und Spitzenkraft gebracht hatte. Eine echte Karriere. Andere Aufsteiger blickten ihm über die Schulter. Man erkannte das Konzept, das früher nur auf Konzeptpapier stattfand, während es heute zur Strategie erhoben ist. Auch das Papier grinste arriviert, denn es wird heute auf höchster Ebene vorgelegt, während man früher rief: »Papier ist geduldig.«

»Hinaus mit euch Parvenus!« schäumte eine alte Dame, die sich seit einiger Zeit zu Wörtern wie Preis- oder Modebewußtsein verarbeitet sieht. »Ihr habt keine Kultur!« schrie das Bewußtsein, aber das Papier hielt seinen Kulturbeutel in die Höhe, und das Konzept bewies seine überlegene Rauchkultur. Da weinte auch noch die letzte Dame im Wartesaal, denn sie war sich sehr wohl dessen bewußt, daß es der Kulturbeutel war, der sie hierher gebracht hatte.

Technologie

»Mein Mann ist Technologe«, das soll eine völlig verschüchterte Dame auf einem Professorenfrauen-Kränzchen gesagt haben, nachdem sich die anderen Damen als Frauen von Soziologen, Philologen und Theologen zu erkennen gegeben hatten. Was sollte die arme Dame auch machen. Als »Techniker« wollte sie ihren Mann nicht bezeichnen, denn die gehobenen Techniker heißen bei uns schon immer Ingenieure. Und die Wissenschaftler unter ihnen? Der »Ingenieurwissenschaftler« ist doch so umständlich wie nüchtern. »Mechaniker« und »Maschinist« ging auch schlecht. Da war der Technologe wirklich gut erfunden.

Es besteht sogar ein echter Bedarf für den Technologen, haben wir doch die Technologie längst bei uns heimisch werden lassen, wo sie nun allmählich die Technik verdrängt. Wenn sich die europäischen Technologie-Minister treffen, will natürlich der Herr aus Bonn nicht als Minister für »Forschung und Technik« auftreten. Und es ist beinahe ein Wunder, daß es in seinem Hause noch lange eine Abteilung gab, die sich mit Meerestechnik befaßte. Das klang ja so, als wisse man dort nichts von der neuesten Technologie.

Dies Wort, dem wir jetzt so oft begegnen, ist im Deutschen keineswegs neu. Es stammt aus der Goethe-Zeit und meinte damals noch ziemlich allgemein: die Lehre von der Technik. Später wurde das Wort bei uns spezialisiert auf die Bedeutung »Verfahrenstechnik«, also auf die technische Umwandlung von Rohstoffen. Seit etwa zwei Jahrzehnten nennt man bei uns aber alles, was als Technik wirklich modern ist, Technologie. Man spricht von Lasertechnologie, von Raumfahrt-, Reaktor- oder Computertechnologie; und wir alle glauben, wo Fortschritt sei, müsse er »technologisch« genannt werden. Warum ist uns das Wort nur so ans Herz gewachsen?

Ich meine, ein Grund sei der, daß die Endung »-logisch« unserer Wortwahl immer so etwas wie Adel verleiht. Von krassen »soziologischen Unterschieden« hören wir, wo es um soziale geht; von psychologischen Belastungen, wo psychische gemeint sein werden; und von physiologischen Strapazen, wenn es physische sein sollten.

Der zweite wichtigere Grund liegt sicherlich in der prägenden Kraft des Englischen. Die Engländer sind mit dem Wortgebrauch von »technologie« (damals, in einem Beleg von 1628 noch so geschrieben) ungefähr da gestartet, wo wir auch anfingen: Man meinte die Erforschung der angewandten Künste. Aber die Wortbedeutung hat sich dann erweitert und umfaßt längst sowohl die Technik wie auch die technische Forschung.

Zu uns kam das Wort zuerst mit einer Drohung, und vielleicht ist das der Grund dafür, daß wir es uns so gut gemerkt haben. Es war nämlich vom »technological gap« zwischen den USA und Europa die Rede, die wir als »technologische Lücke« übersetzt haben. Geworben für die Technologie hat sicherlich auch die berühmteste Hochschule der Welt, das MIT (Massachusetts Institute of Technology in Boston), das die Technologie im Schilde führt, obwohl es sonst durchaus auch »Technical Colleges« gibt.

Wir haben das Wort nun mal eingeführt, vertreiben können wir es nicht mehr, da wollen wir wenigstens froh sein, daß es zu denen gehört, die wir richtig und unverfälscht aus dem Englischen importiert haben. Techniker aller Länder, adelt euch zum Technologen.

Heiteres Berufekränken

Als die Abgeordneten ihre Diäten kräftig erhöht hatten, verteidigte sich der Präsident mit dem Hinweis, niemand halte das Parlament für einen Selbstbedienungsladen. Er hatte mehr recht, als er ahnte. Zwar hatten sich die Abgeordneten wahrlich bedient, aber nicht in einem Selbstbedienungsladen, denn dort muß man ja meist anschließend zur Kasse. Insofern stimmt es schon, daß das Parlament kein Selbstbedienungs*laden* ist, gerade wenn sich die Herrschaften dort bedienen.

Der Verband ehrbarer Kaufleute sah sich aber doch gekränkt, weil der Präsident ja immerhin unterstellt hatte, im Selbstbedienungsladen dürfe man sich bedienen. Schon lange verletzt fühlen sich auch die deutschen Friedhofsangestellten, und zwar von dem politischen Schimpfwort »Totengräber der Demokratie«. Ich muß sagen, zu Recht. Denn die Redewendung will doch andeuten, daß ein Totengräber dem seligen Toten den letzten Stoß versetzt hat. Aber das ist wirklich nicht wahr.

Zu Unrecht geschmäht werden auch die deutschen Sargtischler, wenn man alles Bedrohliche als einen Sargnagel bezeichnet, wo doch so ein Nagel etwas sehr Nützliches ist. Es ist ja nicht so, daß ein Mensch stirbt, wenn alle seine Sargnägel beisammen sind.

Noch ärger aber trifft es die Beerdigungsunternehmer, wenn man in politischen Kreisen davon spricht, daß ein an sich guter Vorschlag stillschweigend beerdigt worden sei. Enthält dieser Ausdruck nicht den Verdacht, daß in Deutschland gelegentlich auch sogenannte Lebend-Bestattungen vorkommen? Nein, der gute Vorschlag war ohnehin tot, als man ihn beerdigt hat.

Auch die Buchhalter sind im politischen Alltag vor Beleidigungen nicht sicher. »Das ist doch politische doppelte Buchführung!« rief ein Bundestagsabgeordneter aus, der eine doppelte Moral beim politischen Gegner vermutete. Vielleicht hätte er doch lieber sagen sollen: Hier wird mit zweierlei Maß gemessen. Oder er macht es wie Franz Josef Strauß, der den Abgeordneten Willy Brandt einen »Meister der Doppelsprache« nannte. Sprachlich richtig, aber in sachlicher Hinsicht... Na, man weiß schon.

Die Nachtwächter können sich gegen Verletzungen der Berufsehre kaum mehr wehren, weil diese Zunft ausgestorben ist. Mir scheint es dennoch widersinnig, daß die Nachtwächter mit der Schlafmütze gleichgesetzt werden, obwohl doch gerade sie es waren, die nicht schliefen, wenn andere es taten. Auch den Nachtwächterstaat haben wir zum Schimpfwort verkommen lassen, obwohl das einmal eine Forderung der deutschen Liberalen war.

Es ist nicht leicht zu schimpfen. »Sie Oberlehrer!« ist zwar noch gängig, aber die Pädagogen könnten sich getroffen fühlen. Auch der Formaljurist kann als Ausdruck kaum verbergen, daß er sich gegen die Rechtsgelehrten wendet. Da greife man doch gleich zum Mittelalter und vermute beim Gegner Helfershelfer, Steigbügelhalter, Scharfmacher, Büchsenspanner, Barden, Schildknappen, Spießgesellen und Zuträger.

Unsere rechten Freunde haben sich einen proletarischen Beruf als Schimpfnamen ausgedacht: Handlanger Moskaus! Dagegen ist bei Linken eine besondere Sumpfblüte des Kapitalismus die letzte Schmähung: Agent der Reaktion.

Einig ist man sich auch nicht, wer in Bonn auf dem Boden des Grundgesetzes steht und wer es mit Füßen tritt.

Klamotte oder Knüller

Der Hörfunkmoderator versprach eine flockige Sendung. Wirklich, er wollte sie flockig servieren. Das Wort hatte ich noch nie gehört, aber ich glaubte zu wissen, wie es entstanden war. Es handelte sich wohl um die spontane Zusammenfassung von »flott« und »locker«, wobei »poppig« Pate gestanden haben mag. Wirklich, flockig gemacht!

Wörter werden oft nach dieser Regel »Aus zwei mach drei« erfunden. So ist aus werken und basteln »werkeln« entstanden. Die seit einiger Zeit in Bonn beliebte »Rangelei« ist eine Drängelei um Rang und Einfluß. Das mundartliche Rangeln und die Rangen (böse Buben) werden dabei im Hintergrund stehen. Und jeder versteht: Hier wird um den Rang gerungen. Alles klar.

Eine unfreundliche Antwort nennt man heute harsch.

Früher hätte man sie eher barsch genannt. Auch wer »harsch« zunächst noch nicht kennt (es ist jedoch ein altes Wort), weiß gleich, daß eine Mischung aus hart, barsch und eisig gemeint ist. Das Substantiv »Harsch« kennt man, es ist überfrorener Schnee.

Auch unsere jungen Leute bilden viele Wörter auf diese Weise. Einen einfältigen Kerl nennt man in Norddeutschland beknackt. Früher hätte man ihn vielleicht als bekloppt angesehen oder gesagt, er habe einen Knacks. Nun ist er eben beknackt. Sein Glück, daß er nicht noch als bekackt gilt.

Und was heißt, jemanden anmachen? Teils anpöbeln oder fertigmachen, teils auch anregen oder animieren (animieren, sozusagen). Der Animateur gibt Küßchen und macht die Leute an – wie man Salat anmacht.

»Dann mach ich aber Putz!« Woher mag das nun kommen. »Dann mach ich Krach«, heißt es. Ich glaube, wir sollen dabei an »dann hau ich auf den Putz« denken (eine soeben erst verwelkte Wendung) oder an »dann putz ich dich runter«. Mit dem Hausputz hat es so wenig zu tun wie mit der Putzmacherin.

Wenn heute jemand »Muffe« hat, so darf man dabei nicht an ein beliebiges Rohr-Ende denken. Ursprünglich hatte man aus Angst »Muffensausen« wie die Studenten vor dem Examen ihr »Fracksausen«. Was da sauste, war immer eine besondere Muffe, nämlich eine muffig riechende. Muffige Muffe – ja, unsere Sprachschöpfer kombinieren eben genial. Den Rest muß man sich denken.

Von einem der neueren Wörter weiß man, wie es entstanden ist. Ich meine die Schnulze. Im Jahr 1948 nannte der Musikchef des Nordwestdeutschen Rundfunks einmal kitschige Musik eine Schnulze. Aha, dachten alle, die es hörten, ein neues Wort. Zusammengefaßt war darin: schluchzen, Schmalz, Schnuller oder auch Schmonzes (jiddisch: leeres Zeug). Die »Schnulze«, das saß.

Eine alberne Komödie nennt man eine Klamotte. Eigentlich sind Klamotten alte Kleider. Für Theaterstücke lag das Wort nahe, weil es an Klamauk erinnert und zugleich an die Mottenkiste oder an die kesse Motte. Der Klamauk ist wieder eine noch etwas ältere Berliner Erfindung. Sie klingt so ähnlich wie der Radau. Der Radau ist auch aus Berlin. Was das ist? Nun das ist, wenn jemand randaliert und Rabatz macht. So erklärt sich eine Neuschöpfung aus der anderen.

Und ein Knüller? Was ein Knüller ist, das weiß mein geneigter Leser längst. Ein Knüller ist ein Reißer, bei dem es nur so knallt und zündet. Das stammt auch aus Berlins großer Zeit. Aber echte Knüller gibt es eben immer noch.

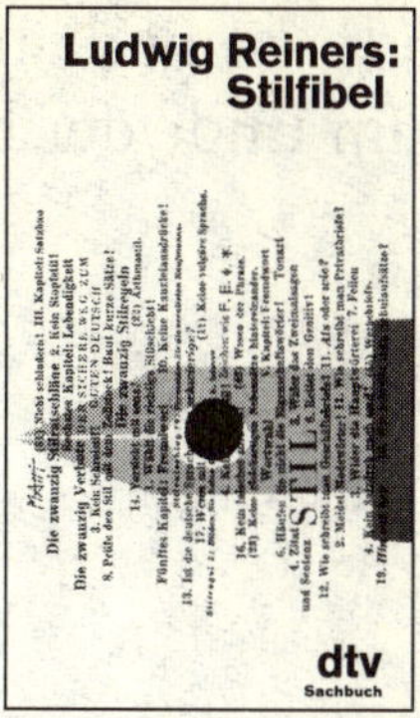

Über die Sprache

Klaus Bartels:
Wie die Amphore zur Ampel wurde
Neunundvierzig Wortgeschichten
dtv 10836

Eike Christian Hirsch:
Den Leuten aufs Maul
Ein- und Ausfälle vom Besserwisser
dtv 10823

Eike Christian Hirsch:
Deutsch für Besserwisser
dtv 10952

Eike Christian Hirsch:
Mehr Deutsch für Besserwisser
dtv 10992

Werner König:
dtv-Atlas zur deutschen Sprache
dtv 3025

Die Kunst des Gesprächs
Texte zur Geschichte der europäischen Konversationstheorie
Herausgegeben von Claudia Schmölders
dtv 4446

Hans Lobentanzer:
Deutsch muß nicht schwer sein
Eine vergnügliche Sprach- und Stilkunde
dtv 10548

Ludwig Reiners:
Stilfibel
Der sichere Weg zum guten Deutsch · dtv 154

Hermann Schlüter:
Grundkurs der Rhetorik
dtv 4149

Otto Seel:
Quintilian oder Die Kunst des Redens und des Schweigens
dtv/Klett-Cotta 4459

Wahrig
dtv-Wörterbuch der deutschen Sprache
dtv 3136

dtv